Bartholomeus Maris
In Liebe empfangen –
und dennoch gegangen

Bartholomeus Maris

In Liebe empfangen – und dennoch gegangen

Bewältigung und Sinnfindung bei Fehlgeburten

ISBN 978-3-8251-7581-8

Erschienen 2007 im Verlag Urachhaus
www.urachhaus.com

© 2007 Verlag Freies Geistesleben & Urachhaus GmbH, Stuttgart
Umschlag: Marc Chagall, Studie zu »Der Traum des Jakob«, 1960–1966,
© RMN / Musée National Message Biblique Marc Chagall, Nizza / Gérard Blot /
Vertrieb bpk Berlin 2007 / VG Bild-Kunst, Bonn 2007
Gesamtherstellung: Freiburger Graphische Betriebe, Freiburg

Inhalt

Vorwort 8

Kapitel 1
Vier Erlebnisse 11

Kapitel 2
Vom Himmel geschenkt, vom Tod genommen? 19
Erste Anzeichen der Schwangerschaft 21
Geborgen im Verborgenen 25
Blutungen in der Frühschwangerschaft:
Zeichen einer drohenden Fehlgeburt? 26
Verschiedene Formen der Fehlgeburt 28
Über die Ursachen einer Fehlgeburt 31
Wiederholte Fehlgeburten 36
Wie kann man vorbeugen? 39
Nach einer Fehlgeburt 47
Abbruch nach vorgeburtlicher Diagnostik:
Eine spezielle Form der Fehlgeburt? 50
Fehlgeburt nach künstlicher Befruchtung
(In-vitro-Fertilisation) 51

Kapitel 3
Über die Rätsel von Empfängnis und Schwangerschaft 55

   Die Empfängnis 57

   Die Gastgeberin 57

   Früher, als ich groß war 58

   Befruchtung und Empfängnis 59

Kapitel 4
Fehlgeburt und Wiedergeburt oder:
Woher kommen und wohin gehen die Kinder? 65

   Wiedergeburt und Karma 67

   Ein Kind sucht sich seine Eltern 69

   »Die größte, bedeutsamste Arbeit,
   die überhaupt im Weltenall denkbar ist.« 71

   Kann jemand sterben, der noch nicht geboren wurde? ... 72

   »Doch von schroffen Erdewegen – habt ihr keine Spur« ... 76

Anhang
Embryologie 81

   Keimzellen 81

   Zwei Geschlechter 83

Gezeugt oder geklont? 85
Die ersten Tage 88
Innenraumbildung 90

Vorgeburtliche Diagnostik, ihre Praxis, sowie
gesellschaftliche und ethische Rahmenbedingungen .. 95
   Diagnostik 95
   Guter Hoffnung? 96
   Was beinhaltet Pränataldiagnostik? 97
   Gesetzliche Regelung 98
   Verschiedene Dimensionen bei der Entscheidung 99

Über künstliche Befruchtung
und die Frage der Epigenetik 102
   Befruchtung 102
   Epigenetik 104
   Empfängnis 106

Adressen und Hinweise 109

Vorwort

Liebe Leserin, lieber Leser,
vielleicht haben Sie gerade selber eine Fehlgeburt erlitten und suchen nach Wegen, Ihre Trauer zu verarbeiten. Vielleicht ringen Sie mit Fragen nach dem Warum und nach dem Sinn dieses Leids. Oder Sie haben eine nahe Bekannte oder Verwandte, der Sie in ihrer Verzweiflung nach einer Fehlgeburt zur Seite stehen wollen. Es gibt viele gute aufklärende und begleitende Bücher über Fehlgeburten. In Gesprächen mit Frauen oder Paaren in meiner Frauenarzt-Praxis werden allerdings immer wieder auch Fragen gestellt, die in diesen Büchern nicht vorkommen. Es sind oft Fragen, die aus diesem schmerzhaften Schicksal heraus ein Verständnis eines Lebens vor der Befruchtung und von Wiedergeburt konkret werden lassen.

- Was für einen Sinn kann ein so kurzes embryonales Leben für eine Kindesseele haben?
- Wenn es tatsächlich ein Leben vor der Geburt gibt, sowie es auch eins nach dem Tod geben könnte, kann es dann sein, dass sich ein Kind noch vor seiner Geburt, vor diesem ersten Portal zur Erde wieder abwenden will?
- Oder wollte es eigentlich geboren werden und sein Erdenleben beginnen, wurde aber behindert oder gestört: durch Einflüsse von außen, von der Mutter, von der Umwelt?
- Und was bedeutet es dann, wenn es einem Kind nicht gelingt, weiter zu kommen?

- Ist jede Fehlgeburt eine beseelte embryonale Entwicklung gewesen?
- Können Zweifel, Stress oder Sorgen bei der werdenden Mutter Ursache für eine solche Wendung sein, und trägt dann die Frau die Schuld für diesen vergeblichen Versuch, auf die Erde zu kommen?
- Kann die Beziehung mit dem ungeborenen Kind weiter gepflegt werden, auch nach einer Fehlgeburt?

Ich habe versucht, in meinem Buch diese und ähnliche Fragen mit Hilfe der von Rudolf Steiner gegebenen Hinweise über das Leben vor der Geburt, über Wiedergeburt und Karma zu bewegen. Die Fragen und Erfahrungen aus der Praxis, sowie bestimmtes anthroposophisches Ideengut haben mich dazu angeregt, eine möglichst lebensnahe Hilfe bei der Bewältigung von fehlgeburtsbedingten Seelenkrisen und Existenzfragen zu Papier zu bringen. Um diese Fragen geht es vor allem im 4. Kapitel.

Der Aufbau des Buches soll Sie dazu anregen, je nach Bedarf einzelne Kapitel zu lesen und andere zu überspringen. Im Anhang finden Sie zwei Aufsätze, die das Thema Fehlgeburt zwar berühren, aber nur bei einer speziellen Fragestellung von Interesse sein werden.

Dank dem Vertrauen, das mir von Patientenseite entgegengebracht wurde, bekam ich die Gelegenheit, ein wenig an den Erlebnissen und Seelenprozessen teilzuhaben, die durch das Erleiden einer Fehlgeburt ausgelöst werden. Nur so konnte dieses Buch entstehen. Es ist in der Hoffnung geschrieben, dass auch andere Frauen und Männer zwar die Seelentiefen einer solchen Situation durchleben und durchleiden, aber auch ein Verständnis für und einen Bezug zu der Welt der Ungeborenen und der Nicht-Geborenen bekommen können.

Bartholomeus Maris
Krefeld, August 2007

… Kapitel 1
Vier Erlebnisse

… und doch ist Einer,
welcher dieses Fallen
unendlich sanft
in seinen Händen hält.

Rainer Maria Rilke

I.
»Zwischen meinem ungeborenen Kind und mir lebte mehrere Wochen lang eine innige Begegnung und Beziehung. Ich hatte ein deutliches inneres Bild von seinem Wesen, obwohl ich nicht mal ahnte, ob es ein Junge oder ein Mädchen war. Aber dann wollte oder musste es wieder Abschied nehmen, als sei sein Weg oder seine Aufgabe schon erfüllt. Es war für uns beide ein friedlicher Abschied, da für beide klar war, dass es so gut war und dieser Abschied notwendig war. Es schien, als seien wir einander dankbar für diese Begegnung. Nur in meinem Alltagsdasein und im Kontakt mit Freunden und Verwandten entstand ab und zu Trauer und kamen Tränen, obwohl ich tief innerlich wusste, dass alles so in Ordnung war.«

II.
»Wir hatten uns so sehr darüber gefreut, dass es endlich nach eineinhalb Jahren doch noch geklappt hat. Darauf folgten einige sehr schöne Wochen voller Erwartung und Freude. Es war alles so stimmig, es passte zeitlich genau, und unsere Freunde freuten sich auch mit uns. Völlig unerwartet, wie aus heiterem Himmel, traf uns bei der Ultraschalluntersuchung die Nachricht, dass unser Kind tot sei. Ich konnte es erst gar nicht glauben und wurde wütend. Erst bei einer zweiten Untersuchung kam das Urteil langsam aber eiskalt bei mir an. Auch nach der Ausschabung fühlte ich mich noch lange leer, verlassen und unendlich traurig. Warum musste das sein?«

III.

»Während meiner vorigen Schwangerschaft hatte ich schon früh einen intensiven Kontakt zu meiner Tochter. Es war vom Anfang an eine schöne und stimmige Schwangerschaft und Geburt. Dass es eine Tochter wurde, wusste ich ungefähr seit dem Zeitpunkt der Empfängnis.

In dieser neuen Schwangerschaft war alles anders. Ich fühlte zwar, dass ich schwanger war, aber die besondere Stimmung und Begegnung blieb aus. Ich habe mich gefragt, ob es vielleicht an mir lag. Nahm ich mir zu wenig Zeit für mein Schwangersein? War ich durch meine zweijährige Tochter zu sehr abgelenkt? Immer wieder musste ich mir sagen, dass ich schwanger war und mich freuen durfte. Aber auch nach einigen Wochen änderte sich nichts. Im Gegenteil, das Spannungsgefühl in der Brust nahm ab, ich wurde weniger müde und fühlte mich dann sogar in meinem Gefühl bestätigt, als der Frauenarzt mir bei der Ultraschalluntersuchung sagte, ich hätte eine Fehlgeburt: eine leere Fruchtblase ohne Embryo-Anlage in der 8. Woche. Es wurde eine Ausschabung gemacht. Ich wunderte mich darüber, wie wenig Trauer ich empfand.«

IV.

»Jetzt, dreißig Jahre nach meiner Fehlgeburt, erlebe ich diese Begegnung mit dem nicht geborenen Menschenkind noch immer als sehr wesentlich und wertvoll für mein Leben. Dass es wieder gegangen ist, erlebe ich auch jetzt noch als seine eigene freie Entscheidung.

Die Verbindung ist geblieben. Ich bin froh, dass es uns kurz besucht hat, auch wenn sein früher Abschied damals sehr schmerzhaft war.«

Diese Schilderungen zeigen, wie unterschiedlich eine Fehlgeburt erlebt und erlitten werden kann. Ist dies abhängig von dem Charakter oder der Verfassung der Frau, oder liegt es an der Schwangerschaft selber? Könnten die hier beschriebenen Erlebnisse sogar von einer einzigen Frau stammen? Tatsächlich waren es vier verschiedene. Erstaunlich ist, wie unterschiedlich eine Schwangerschaft erlebt und empfunden wird, unabhängig von dem eigenen Charakter oder Temperament. Die innere Wahrnehmung dessen, wie es dem Ungeborenen geht, ist oft ziemlich genau. Deshalb kommt es nicht oft vor, dass eine Frau, wie im zweiten Erlebnis beschrieben, von der Nachricht, dass ihr Kind nicht mehr lebt, völlig überrascht wird. Nur manchmal geschieht dies, wenn zum Beispiel die Freude über eine schon lang ersehnte Schwangerschaft so groß ist, das eine klare Wahrnehmung des Kindes nicht gut möglich ist. Das Erleben der eigenen Freude verschleiert dann den inneren Blick für das Dasein des Ungeborenen.

Andererseits ist aber auch eine so sehr mit der Situation im Einklang stehende Reaktion, wie sie in der ersten Schilderung dargestellt ist, eine Ausnahme. Auf eine solche Weise in Frieden und mit Respekt für die Schicksalswendung auf den Tod des eigenen Ungeborenen zu reagieren, erfordert einen innigen Bezug zu der Welt des Jenseits.

Häufiger wird von der Situation wie in der dritten Beschreibung berichtet. Von Anfang an will sich das vollständige Schwangerschaftsgefühl nicht entfalten, weder im Gefühlsleben, noch in den körperlichen Erscheinungen. Wenn es sich nicht um die erste Schwangerschaft handelt, wird der Unterschied deutlich erlebt.

Dass Frauen, die schon über 60 sind, von einer erlebten Fehlgeburt sprechen, kommt nicht oft vor. In der Vergangenheit, auch noch in der letzten Generation, sprach man nicht über Fehlgeburten. Viele Frauen erlebten dieses Schicksal, aber es wurde nicht darüber gesprochen, und für die entsprechenden Gefühle gab es weder Raum noch Verständnis. Trauerprozesse und Abschied konnten nicht stattfinden. Nur manchmal berichtet eine Frau, wie diese zu kurze Schwangerschaft von einer intensiven Begegnung mit dem Wesen des Kindes begleitet wurde, und dass diese Verbindung mit der Fehlgeburt nicht beendet war, sondern sie im weiteren Leben im positiven Sinne begleitet hat.

Solche Berichte weisen darauf hin, wie reell das Leben vor der Geburt und die Existenz geistiger Dimensionen verstanden werden darf. Erlebnisse dieser Art können wie Türöffner für das Jenseits sein, in dem Sinne, dass diese nicht-irdische Welt als kosmischer Begleiter für uns Erdenmenschen wirken kann.

Dies macht aber die unendlich erscheinende Trauer über den Abschied nicht weniger tief. So kann Respekt entstehen für alle Frauen, die in einem so kurzen Zeitraum die himmlische Freude über eine Schwangerschaft und dann den tiefsten Schmerz über den Verlust des nie geborenen Kindes erleben mussten, wie dies in den folgenden Zeilen noch einmal anders zum Ausdruck gebracht wird:

Unbeschreiblich ist die Trauer, die abgrundtiefe Leere, wenn dir die erwartungsvolle, getragene und freudige Stimmung der frühen Schwangerschaft plötzlich genommen wird, wenn du von einer Blutung überrascht wirst, wenn krampfhafte Schmerzen dich dazu zwingen, einzusehen, dass etwas nicht in Ordnung ist. Wirklich getragen fühltest du dich, aus der Schwere des Alltags gehoben, da du auserkoren warst, ein Stückchen Himmel zur Erde zu bringen. Nicht mehr allein fühltest du dich, im tiefsten Innern warst du nicht allein, war jemand zu dir gekommen, kleiner und doch auch viel größer als du. Du erlebtest ein Zusammensein, das du nie durch einen Partner, liebende Freunde, Verwandte oder auch durch die

eigenen Kinder ersetzen könntest, da es kein Getrenntsein von diesem Zusammensein gab. Diese Verbundenheit konntest du nur mit diesem Menschenkind erleben, das sich dir so inniglich anvertraut hat. Nie war jemand dir so nah und konnte dich so leicht und licht fühlen lassen.
Und dann kamen die Blutungen, die Schmerzen. War alles nur ein Traum, der jetzt zerrissen wird? Oder ist dies der Alptraum, aus dem du schnell wieder aufwachen solltest?
Es sind die Schmerzen des erzwungenen Abschieds, des viel zu frühen Abschieds, der gewaltsamen Trennung, des unendlichen Verlustes. Dieser Schmerz und diese Trauer lassen dich fast nicht mehr weiterleben, sie berühren deinen innersten Wesenskern, war doch dein Leben während einer kurzen Zeit dieser ehrenvollen Aufgabe gewidmet. Du spürst nur den Schmerz und hörst die tröstenden Worte nicht, du fühltest kaum die liebevolle Umarmung. Alles was geschah, die Untersuchung, die ärztliche Erklärung, und dann am nächsten Tag die Klinik; die Menschen hast du kaum wahrgenommen, alles war wie in einem fremden Film. Als dann die Narkose vorbei war und du langsam wieder aufwachtest, war alles noch stiller ... Nicht einmal mehr Tränen konnten erscheinen. Jegliche Hoffnung war dir genommen. Was wurde dir noch genommen? Wo ist es jetzt, dein nie Geborenes? Und wo war es vorher? Kann jemals jemand verstehen, was du hier erleiden musstest?
Du weißt trotzdem, dass der Alltag wieder auf dich wartet. Aber auch die Blicke der Anderen, die Blicke, die sich betroffen abwenden, oder die dich mitleidend ansehen. Die Eltern und Schwiegereltern, die anderen Kinder. Wie kannst du jemals wieder normal mit all den Menschen zusammen sein? Wie kannst du wieder arbeiten gehen, kochen oder einkaufen, wie kannst du wieder lieben?
Aber du weißt, dass du das irgendwann wieder kannst.

Und nur manchmal ahnst oder spürst du, dass dich das kleine Menschenkind nicht ganz verlassen hat, sondern dir wie aus der Ferne etwas zurufen oder zuwinken will. Schaffst du es, für solche Momente offen zu sein, ohne von Trauer gelähmt zu werden? Schaffst du es, den Weg in deinen Alltag wieder zu finden, ohne alles vergessen zu wollen?

Wie kannst du – als Vertreterin aller Frauen – es aushalten, im tiefsten Innern liebendes Leben zu schenken und kurz darauf den Tod in dir zu spüren? Woher holst du die Kraft, weiterzuleben, mit deinen Nächsten weiterzuleben, zu lachen und zu lieben, wenn der Tod dir genommen hat, was vom Himmel geschenkt wurde? Woher bekommst du die Kraft, die Weisheit und die Güte, für das Leben und für das Sterben zur Verfügung zu stehen?

Kapitel 2

Vom Himmel geschenkt, vom Tod genommen?

Du bist ein Schatten am Tage
Und in der Nacht ein Licht;
Du lebst in meiner Klage
Und stirbst im Herzen nicht.

Wo ich mein Zelt aufschlage,
Da wohnst du bei mir dicht;
Du bist mein Schatten am Tage
Und in der Nacht mein Licht.

Wo ich auch nach dir frage,
Find' ich von dir Bericht,
Du lebst in meiner Klage
Und stirbst im Herzen nicht.

Du bist ein Schatten am Tage
Doch in der Nacht ein Licht;
Du lebst in meiner Klage
Und stirbst im Herzen nicht.

Friedrich Rückert

Erste Anzeichen der Schwangerschaft

Bei ca. 50% der Befruchtungen kommt es zu einer erfolgreichen Schwangerschaft und Geburt. In den anderen Fällen kann folgendes geschehen:

- Es folgen schon sehr früh, noch vor der Einnistung, die normalerweise nach ca. 6 Tagen stattfindet, ein Abbruch der Weiterentwicklung sowie das Absterben der befruchteten Eizelle. In dem Fall tritt eine scheinbar normale Menstruationsblutung auf. Es wird nicht bemerkt, dass eine Schwangerschaft eingetreten war und eine Fehlgeburt stattgefunden hat.
- Die Einnistung in die Gebärmutterschleimhaut selber sowie die ersten Tage danach verlaufen nicht erfolgreich und es setzt zum normalen Zeitpunkt die Monatsblutung ein, auch hier so, dass niemand etwas von einer Schwangerschaft hätte bemerken können, auch der Schwangerschaftstest war noch nicht positiv. Vielleicht ist die Menstruation etwa stärker als sonst.
- Oder die Einnistung ging gut und die Entwicklung der Fruchthöhle und Eihäute verlief normal, aber es kommt nicht zu einer Entwicklung eines Embryos innerhalb der Fruchtblase, man spricht von der ›leeren Fruchtblase‹.
- Die ersten Wochen der Schwangerschaft können ohne Probleme verlaufen: Der Embryo entwickelt sich, und im Ultraschall sind das Klopfen des Herzens und die Bewegung von Armen und Beine zu sehen. Im Alter von etwa 6 bis 10 Wochen kann es passieren, dass es aufhört zu wachsen und stirbt. Das Herz

klopft nicht mehr und es liegt unbeweglich in der Fruchtblase. Dies kann eintreten, ohne Blutungen oder Schmerzen zu verursachen; erst bei der Ultraschall-Untersuchung wird festgestellt, dass eine solche Art der stillen Fehlgeburt vorliegt. Nach einigen Tagen oder Wochen tritt meistens dann doch eine Blutung auf.

- Es kann aber auch direkt zu einer Blutung mit Unterleibsschmerzen kommen, die zu einer Abblutung und Ausstoßung führt. Abhängig von der Dauer der Schwangerschaft kann die Fehlgeburt komplett sein, sodass eine Ausschabung nicht notwendig ist. Wenn der Embryo schon größer war, muss diese manchmal doch erfolgen.
- Wesentlich seltener ist das Sterben eines Kindes in einem viel fortgeschrittenerem Stadium der Schwangerschaft, es kann aber auch im 8. oder 9. Monat vorkommen.

Manche Frauen wissen schon direkt nach der Befruchtung, dass eine Schwangerschaft eingetreten ist, dass eine Kindesseele zu ihnen gekommen ist. Die Nähe eines ›neuen‹ Menschenwesens kann sogar vor der Befruchtung schon erlebbar sein und sich danach weiter verfestigen, etwa in der Form, dass die Frau oder auch der Mann von einem Kind, einem Namen oder einer Kinderstimmung träumt. Es kann sich aber auch eine bewusstere Intuition davon einstellen, dass ein Kind sich ›anmeldet‹ und empfangen werden will.

Die meisten Frauen bemerken aber relativ bald nach dem Ausbleiben der Blutung aufgrund veränderter Empfindungen wie Brustspannung, Müdigkeit, häufigerem Wasserlassen, die sie vielleicht aus einer vorherigen Schwangerschaft schon kennen, dass eine Schwangerschaft vorliegt, oder sie machen einfach einen Schwangerschaftstest.

Eine erste Vorsorgeuntersuchung beim Frauenarzt oder der Hebamme ist nicht sofort notwendig, aber etwa drei bis sechs

Wochen nach der ausgebliebenen Blutung (also sechs bis zehn Wochen nach Beginn der letzten Blutung) ist eine solche Untersuchung sinnvoll. Es hängt von dem Sicherheitsbedürfnis der Frau ab, wie früh sie eine ›ärztliche Bestätigung‹ ihrer Schwangerschaft braucht. Manche Frauen fühlen sich so sicher, dass sie erst spät zu mir kommen, andere kommen viel früher.

Manchmal beschreiben Frauen, dass sie im Gegensatz zu vorhergehenden Schwangerschaften ganz andere begleitende Empfindungen haben, beispielsweise dass diesmal die Nähe eines Kindes gar nicht empfunden wurde oder nach kurzer Zeit wieder weg war. Dies kann ein Vorbote einer Fehlgeburt sein. Es kann aber auch bedeuten, dass Kinder verschieden sind und sich auch in dem ›Alter‹ schon anders bemerkbar machen.

In der Regel wird bei der ersten Untersuchung beim Frauenarzt auch ein Ultraschall gemacht, insbesondere dann, wenn schon früh eine intakte Schwangerschaft mit Herzaktion nachgewiesen werden soll. Anhand der Größenmessung wird das Schwangerschaftsalter berechnet (was natürlich anhand der letzten Regel genauso gut möglich ist), und es wird geschaut, ob es sich um einen Einling oder Mehrlinge handelt. Es ist aber auch sehr gut möglich und vertretbar, hier auf den Ultraschall zu verzichten, um die Vorgänge der frühen Schwangerschaft ungestört im Verborgenen sich vollziehen zu lassen.

Bei dieser ersten Untersuchung wird neben einer Blutuntersuchung natürlich auch Zeit für die viele Fragen gebraucht, die junge werdende Eltern bei einer ersten Schwangerschaft haben.

Ein Lebensstil, der schwangerschafts-berücksichtigend ist, beinhaltet, dass in Bezug auf Rhythmus, Ernährung und Betätigung auf das neue kleine Menschenkind Rücksicht genommen wird. *Bei allem was ich tue, weiß ich, dass ich jemanden bei mir habe, für den ich die Verantwortung trage. Es geht jetzt nicht nur um mich, sondern auch um den anderen in mir.* Dies beinhaltet eine Stimmung, die etwas mit Rücksicht und Ehrfurcht zu tun hat.

Die Freude über die Schwangerschaft wird nicht selten noch etwas zurückgehalten, da jeder weiß, dass während der ersten drei Monate eine Fehlgeburt auftreten kann. Manche Paare möchten es noch als ihr Geheimnis behüten und verbreiten die Neuigkeit erst nach den ersten drei Monaten.

Die anderen Umständen von Körper, Seele und Geist

Sämtliche Symptome der Schwangerschaft lassen sich auf einen gewissen Lockerungszustand zwischen dem Seelisch-Geistigen und dem Körperlichen zurückführen. Im Körper wird Platz gebraucht für das heranwachsende Kind, das Seelisch-Geistige der Frau dringt nun nicht mehr so tief in ihren Körper ein, sie löst sich ein wenig, aber nicht zuviel. So kommt es zu einer Ausnahmesituation, die für eine geringere Selbstbehauptung sorgt, sowohl im seelischen Bereich wie auch im körperlichen. Selbstbehauptung im Körperlichen drückt sich im Immunsystem aus, da behauptet sich das Selbst der Umwelt gegenüber. Die *Ausnahmesituation Schwangerschaft* ist auch immunologisch eine Ausnahme, da der Körper einen genetisch und immunologisch fremden Organismus in sich toleriert und sogar ernährt und schützt.

Auch andere Organe reagieren auf diese ›anderen Umstände‹, so ist die Muskulatur von Darm und Blase, aber auch die der Gefäße und der Gebärmutter selbst viel entspannter als sonst. Eine enge Verbindung zwischen Körper und Seele sorgt immer für angespannte Muskulatur. Deshalb können Stress, Spannung und Angst auch das Auftreten vorzeitiger Wehen fördern. Solange die Seele der schwangeren Frau nicht zu sehr mit dem Körper verbunden und der noch überwiegend übersinnlichen Sphäre des Kindes näher ist, sind die Voraussetzungen gut.

Geborgen im Verborgenen

Das Ungeborene ist in der Gebärmutter sehr gut versteckt, nicht nur hinter der dicken Muskelwand des Uterus tief im Unterleib der schwangeren Frau, sondern auch umgeben von der Plazenta und den Eihäuten. Während der frühen Embryonalentwicklung findet vor allem die Entwicklung dieser Hüllenorgane statt, so entsteht ein gutes Versteck mit einer starken Geborgenheit. Es macht den Eindruck, als wolle das neue Menschenkind sich nicht auf die Schutz bietende Mutter verlassen und zusätzlich seine eigene Höhle in seinen eigenen Hüllen schaffen. Erst wenn dies geschehen ist, beginnt die eigentliche Embryonalentwicklung im engeren Sinne. Von außen betrachtet ist das Ungeborene sehr lange vollständig verborgen. *Es lebt in einer Geborgenheit durch seine Verborgenheit.* Erst später macht es durch Wachstum und Bewegungen auf sich aufmerksam, aber es zeigt sich nicht.

Barbara Duden weist in ihrem sehr aktuellen Buch *Der Frauenleib als öffentlicher Ort* (Frankfurt 2007) auf den Unterschied zwischen »Sich-Zeigen« und »Gesehen-Werden« hin. Das Ungeborene zeigt sich nicht, sondern es »verbirgt sich« sogar. Mit dem Ultraschall setzen wir uns darüber hinweg und schauen hin: Es wird mit Hilfe einer Technik sichtbar gemacht, obwohl es sich nicht zeigt. Im normalen sozialen Leben zeigen wir die Seiten von uns, die gesehen werden dürfen. Es gilt als unanständig, wenn wir versuchen, etwas von jemandem zu sehen, was er uns nicht von sich aus zeigt.

Eine junge Frau war zum ersten Mal schwanger. Sie freute sich sehr und hatte ein strahlendes, differenziertes inneres Bild von ihrem Kind. Dieses Bild war sehr groß, farbig und fast unendlich ausgedehnt. Dann ging sie in der ca. 10. Schwangerschaftswoche zur ersten Untersuchung und es wurde ohne viel Gerede ein Ultraschall gemacht. Die Ärztin zeigte auf den Monitor und sagte: »Schauen Sie, da ist Ihr Kind!«, und sie sah ein kleines, schwarz-weißes Gebilde mit etwas Pulsierendem im Zentrum. In dem Moment schrumpfte ihr großer, strahlender, freudig erlebter Eindruck des Kindes zu diesem ›Flimmerkastenbild‹ zusammen. Enttäuscht und wie verletzt verließ sie die Praxis. Es dauerte lange, bis sie wieder einen Herzensbezug zu ihrem ungeborenen Kind gewann.

Blutungen in der Frühschwangerschaft: Zeichen einer drohenden Fehlgeburt?

Wenn die Blutung ausgeblieben ist, der Test positiv war und eine erste Untersuchung eine intakte Schwangerschaft gezeigt hat, kann sich die Freude über diesen Umstand auf eine Gewissheit stützen. Wenn dann aber doch, z.B. in der 7. oder 8. Schwangerschaftswoche (dies bedeutet 7 oder 8 Wochen nach Beginn der letzten Blutung), verstärkte menstruationsartige Bauchschmerzen auftreten, ggf. von leichten Schmierblutungen begleitet, oder auch nur Blutungen ohne Schmerzen, dann kann dies ein Vorbote bzw. eine Warnung für eine Fehlgeburt sein. Die Angst und die Verunsicherung sind groß, nur eine ärztliche Untersuchung mit Ultraschall kann Auskunft geben, ob es sich um den Beginn einer Fehlgeburt oder um eine (noch) intakte Schwangerschaft handelt, bei der eine Fehlgeburt droht.

Im letzten Fall, Blutungen und verstärkte Schmerzen in der Frühschwangerschaft, spricht man im Allgemeinen von einer drohenden Fehlgeburt. Körperliche Schonung, ggf. gelockerte Bettruhe, Krankschreibung, sowie Erörterung und Besprechung von eventuell vorhandenen anderen Stresssituationen (Partnerschaft, Familie, Ängste, Ambivalenzen) erhöhen die Chance, dass die Schwangerschaft sich normal weiterentwickelt. In der Regel ist eine solche frühe Blutung zwar ein Warnhinweis, sie bedeutet aber noch keine ernste Bedrohung.

Eine medikamentöse Unterstützung kann hilfreich sein (je nach Situation und ärztlicher Beurteilung z.b. Bryophyllum, MarmorD6/StibiumD6, Cuprum met.prep.D6). Von großer Bedeutung ist die Klärung, ob nicht doch schwerwiegende emotionale Belastungen der Schwangerschaft im Wege stehen. Möglicherweise ist die Blutung ein Zeichen für eine nicht wirklich bewusst erlebte Angst: vor der Schwangerschaft und Geburt, vor der Mutterschaft oder der Verantwortung und Bindung. Vielleicht liegt ein Partnerschaftskonflikt vor, ausgelöst durch unterschiedliche Erwartungen oder abweichende Vorstellungen hinsichtlich der vorgeburtlichen Diagnostik: »Mein Mann will auf keinen Fall ein behindertes Kind, ich werde aber nie eine Abtreibung vornehmen.«

Wichtig ist es, diese Warnzeichen ernst zu nehmen, inne zu halten und sich einige Tage arbeitsunfähig schreiben zu lassen. Körperliche und seelische Schonung ist ratsam und kann außerdem helfen, eventuelle Erschöpfung oder emotionalen Stress zu beseitigen.

Bei Frauen mit einer Rhesus-negativen Blutgruppe muss bei Blutungen ab der 6. Woche eine Anti-D-Prophylaxe durchgeführt werden. Diese Spritze verhindert, dass sich bei der Frau Antikörper gegen Rhesus-positives Blut bilden. Ist nämlich der Vater Rhesus-positiv, kann das Kind auch diese Blutgruppe bekommen haben. Wenn nun im Rahmen der Blutung ein wenig kindliches Blut in die mütterliche Blutbahn geraten ist, kann es passieren, dass die Mutter Antikörper gegen Rhesus-positives Blut bildet. Diese Antikörper können in dieser oder auch in einer nächsten Schwangerschaft durch den Mutterkuchen zum Kind gelangen und dort das kindliche Blut abbauen. Durch eine Anti-D-Spritze wird eine solche frühe Antikörperbildung verhindert.

Verschiedene Formen der Fehlgeburt

Ein großer Teil der Fehlgeburten wird nicht bemerkt. Hinter einer normalen Monatsblutung, die möglicherweise etwas später kommt oder etwas stärker als üblich ist, kann sich eine Fehlgeburt verbergen. Im Nachhinein lässt sich das nicht mehr klären. Manche Frauen haben eine innere Gewissheit darüber, ob es sich tatsächlich um eine frühe Fehlgeburt gehandelt hat, oder ob es eine normale Blutung war.

Die »klassische Fehlgeburt«

Wenn nach Feststellung der Schwangerschaft eine von Schmerzen begleitete Blutung auftritt, diese noch an Stärke zunimmt und weder Schonung noch Bettruhe helfen, dann ist höchstwahrscheinlich eine Fehlgeburt eingetreten. Die Blutung kann von Blutgerinnseln und Gewebestückchen begleitet sein. Manchmal lässt sich sogar eine kleine, intakte Fruchtblase erkennen. In dem Fall ist auf schmerzhafte Weise jede Hoffnung genommen. Die Vorbereitung auf die Erd-Geburt ist vorzeitig beendet worden, die viel zu frühe Geburt von Mutterkuchen, Eihäuten und Embryo hat sich vollzogen. Auf diese Art verlaufen die meisten erkennbaren Fehlgeburten. Die Seele der Betroffenen füllt sich mit Schrecken, Leere, Trauer, Verzweiflung und Schmerz.

Getrieben von Angst und Hoffnung wird in einer solchen Situation meist eiligst eine Klinik oder Arztpraxis aufgesucht, doch der Arzt kann in der Regel auch nichts anderes tun, als eine Diagnose zu stellen. Retten kann in einer solchen Situation auch die Medizin nichts, Untersuchung und Ultraschall werden die Diagnose bestätigen. Es wird dann zur Ausschabung kommen, um noch vorhandene Reste des Mutterkuchens zu entfernen. Ab ca. der 7.–8. Woche ist ein solcher Eingriff in der Regel sinnvoll, da sonst eine verstärkte und schmerzhafte Blutung über viele Tage eintreten kann, die vielleicht doch mit einer Ausschabung beendet werden muss. Eine Ausschabung wird ambulant in einer kurzen Vollnarkose durchgeführt. Anschließend wird es noch wenige Tage eine schwache Blutung geben. Vor der 7.–8. Woche und abhängig von der Situation kann aber auch auf eine Ausschabung verzichtet werden. Der weibliche Körper trennt sich in seiner eigenen Geschwindigkeit und ohne äußere Hilfe von der gerade begonnenen Schwangerschaft. Medikamentös kann dies je nach Situation mit anthroposophischen Medikamenten wie z.b. Tormentilla D1, Marmor D6/Stibium D6 oder Berberis fructus unterstützt werden.

Manche Frauen bevorzugen gezielt den Weg ohne Ausschabung, um ungestört von einer Vollnarkose und Tagesklinik diesen Prozess abrunden zu können. Andere möchten lieber die Ausschabung und hätten es schwer mit der Vorstellung, länger mit einer Fehlgeburt herum zu laufen.

Die »stille Fehlgeburt«

Eine andere Situation entsteht, wenn die Schwangerschaft äußerlich gesehen normal weiter verläuft: Es treten keine Blutungen oder Schmerzen auf, nur bemerkt die Frau manchmal selber, dass z.b. das Ziehen in der Brust oder Übelkeit und Müdigkeit nachlassen. In Wirklichkeit kann es sein, dass das Embryo schon seit mehreren Tagen nicht mehr wächst oder sogar nicht mehr lebt. Es wird dann nach 2–4 Wochen eine Blutung einsetzen, und die Fehlgeburt wird spontan aber verspätet in Gang kommen. Heute kann dies ›zufällig‹ bei der Routine-Ultraschall-Kontrolle entdeckt werden, oder auch dadurch, dass aufgrund einer Verunsicherung oder nachlassender Symptome ein Ultraschall gemacht wird. Es wird gesehen, dass das Herz des Kindes nicht mehr schlägt und es seit einiger Zeit nicht mehr gewachsen ist. Eine stille Fehlgeburt hat sich vollzogen. Nicht selten berichten Frauen, dass sie dies schon geahnt und befürchtet hatten.

Auch hier wird eine Ausschabung in Vollnarkose empfohlen, da es sonst noch mehrere, seelisch belastende Tage lang dauern kann, bis die Fehlgeburt spontan in Gang kommt. Eile ist hier nicht geboten, alles kann in Ruhe besprochen und noch einen oder mehrere Tage lang überlegt werden. Es wird oft vom Risiko der Vergiftung oder Entzündung gesprochen, dies ist aber so gering, dass es eher in die Ecke der Angstmärchen gehört. Eine zurückhaltende aber aufmerksam zugewandte Begleitung von Arzt oder Hebamme reicht aus, wenn die Frau ihren eigenen, abwartenden Weg bevorzugt.

Diese stille, leise und verborgene Art der Verabschiedung bedeutet natürlich eine andere Tonart der Trauer als nach einer Fehlgeburt mit akuter schmerzhafter Blutung.

Die leere Fruchtblase

Nicht selten werden die ersten Schritte der Embryonalentwicklung normal vollzogen, d.h. die Hüllen werden angelegt, wie ich es oben beschrieben habe.

Die schon genannten Schwangerschafts-Anzeichen wie Brustspannung, Müdigkeit etc. treten wie normal auf. Die Fruchtblase wächst zuerst weiter, bleibt aber leer. Der nächste Entwicklungsschritt nach der Einnistung der Fruchtblase vollzieht sich gar nicht oder nur unvollständig, der eigentliche Embryo wächst nicht in dem für ihn vorbereiteten Hüllenorganismus. Die Fruchtblase bleibt leer und es kann einige Zeit dauern, bis dieser Zustand vom Körper nicht mehr gehalten wird und eine Ausstoßungsreaktion der Gebärmutter mit Blutung und Schmerz eintritt.

Mit der heutigen Ultraschalluntersuchung kann das Stadium der leeren, noch nicht abgestorbenen Fruchtblase erkannt werden.

Zunächst kann dies Zweifel an der Terminberechnung aufkommen lassen: Ist die Schwangerschaft einfach noch viel jünger als zunächst gedacht und der kleine Embryo lediglich noch nicht sichtbar? Oder handelt es sich wirklich um eine Fehlgeburt? Manchmal führt dies dazu, nach einer Woche die Ultraschalluntersuchung zu wiederholen, spätestens dann wird ersichtlich werden, ob die erwartete und erhoffte Entwicklung eines Embryos noch stattgefunden hat, oder ob die Fruchtblase weiterhin leer geblieben ist.

Wie bei der stillen Fehlgeburt besteht in einer solchen Situation aus medizinischer Sicht kein schneller Handlungsbedarf. Es kann eine Ausschabung gemacht werden, wenn die Frau es wünscht. Ebenso ist die abwartende Haltung, wenn sie gewünscht ist und seelisch wie körperlich intensiv begleitet wird, gut vertretbar.

Über die Ursachen einer Fehlgeburt

Wenn eine Frau nach der Ursache einer Fehlgeburt fragt, weiß sie oft selber nicht genau, welche Antworten sie hören möchte. Will sie wissen, warum das Kind nicht bei ihr bleiben wollte, oder ob sie es durch ihr eigenes Verhalten hätte vermeiden können, oder will sie hören, ob z.B. eine Chromosomstörung vorlag?

Die Frage nach dem Warum ist sehr wichtig, da sie bei der Verarbeitung des Verlustes von großer Bedeutung ist. Eine eindeutige Antwort gibt es meistens nicht. Ist das Ergebnis der genetischen Untersuchung (wenn eine solche gemacht wird) eine wirkliche Antwort, oder ist es nur Anlass für weitere Fragen? Warum entstand eine eventuelle Chromosomstörung, wäre das zu verhindern gewesen? Und welche Folgen hat dies für weitere Schwangerschaften?

Es kann sogar hilfreich sein, wenn die Frage nach dem Warum nicht vollständig beantwortet wird, wenn sie lebendig bleibt – lebendig aber nicht quälend. Die Frage nach dem Warum ermöglicht ›bewegliche‹ Antworten, die vielleicht aus unerwarteten Richtungen oder erst nach längerer Zeit kommen. Wird die Frage unmittelbar nach dem Verlust mit einer vordergründigen Antwort abgetan, bleibt sie nicht mehr lebendig – und dann kann unter Umständen eine spätere Antwort, die einfach ihre Zeit braucht, gar nicht mehr wahrgenommen werden.

So ist es eine Lebenskunst, Fragen wie:»Wer bist du, wer warst du, was wolltest du uns sagen, was wolltest du uns fragen, warum konntest oder wolltest du nicht bleiben?«, möglichst eine Weile lang wach zu halten, ohne dass dadurch eine solche Trauer bleibt, die es verhindert, später kommende Antworten noch zu vernehmen. Die bewegliche Mitte zwischen praktischer Lebensfähigkeit einerseits und Offenheit für Antworten aus anderen Regionen auf der anderen Seite zu finden, bleibt eine ständige Herausforderung.

Trotzdem ist es wichtig, auch zu wissen, welche möglichen Ursachen für Fehlgeburten es auf der körperlichen Ebene gibt, wobei eine solche Antwort immer Anlass gibt für die Frage nach der ›Ursache der Ursache‹. Allgemein kann gesagt werden, dass bei fast der Hälfte der Fehlgeburten keine erkennbare Ursache ermittelt werden kann.

Ungefähr 25–30% der Frühschwangerschaften führen zu einer Fehlgeburt noch vor dem Ausbleiben der Menstruation. Es handelt sich dann in der Regel um eine Störung bei der Einnistung in die Gebärmutterschleimhaut, welche ca. 6 Tage nach der Befruchtung, ungefähr am 20.–22. Zyklustag stattfindet. Warum die Einnistung nicht gesund vollzogen werden kann, ist unbekannt. Es stehen bis heute auch keine Therapie- oder Behandlungsmöglichkeiten zur Verfügung.

Etwa 10% der Frauen, bei denen eine Schwangerschaft festgestellt wurde, erleiden vor der 10.–12. Woche eine Fehlgeburt. Als Ursache wird in diesen Fällen zu 50–70% eine Chromosomstörung nachgewiesen.

Chromosomstörungen

Wenn bei der Befruchtung die mütterlichen und väterlichen Chromosomen zusammenkommen, können vielfach Störungen, z.b. Trisomien, auftreten, das heißt, dass ein bestimmtes Chromosom nicht wie im Normalfall doppelt sondern dreifach vorhanden ist. Nur wenige Fälle dieser Chromosom-Störungen, wie die Trisomie des 21. Chromosoms, bekannt als Down-Syndrom oder früher Mongolismus, sind lebensfähig. Die meisten anderen Trisomien verursachen eine so schwere Entwicklungsstörung sämtlicher Organsysteme, dass sie schon früh zum Tod des Embryos führen.

Für viele Eltern kann es ein Trost sein, zu wissen, dass schwere Fehlbildungen und Entwicklungsstörungen aufgetreten wären, wenn ihr Kind geboren worden wäre. Auf diesem Wege ist ihm vielleicht einiges an Leid erspart geblieben.

Andere Ursachen oder Risikofaktoren

Man weiß, dass es bestimmte Umstände gibt, unter denen häufiger eine Fehlgeburt auftritt. Diese sind unter anderem:

- *Alter:* Bei Frauen über 35 Jahren kommt eine Fehlgeburt 2–3-mal so oft vor, wie bei Frauen unter 25. Eine Frau mit 35 wird weniger schnell schwanger, es besteht ein etwas höheres Risiko für Fehlbildungen und auch für Komplikationen während der Schwangerschaft oder Geburt. Trotzdem sollte dies nicht den Eindruck erwecken, Frauen über 35 seien eine Risiko-Gruppe und sollten eigentlich nicht mehr schwanger werden. Die gerade genannten Risiken sind statistischer Art, im Einzelfall hängt sehr viel von den individuellen Lebensumständen und vom Lebensstil ab. Auch wenn Frauen über 40 schwanger werden wollen, gibt es keinen Grund, davon abzuraten. Sie brauchen stattdessen mehr Mut und Begleitung, da man ihnen so viele Risiken andichtet.

- *Lebensstil:* Frauen, die nicht sorgfältig mit ihrer Gesundheit umgehen und auch während einer Frühschwangerschaft keine oder ungenügd Rücksicht auf ihr Ungeborenes nehmen, indem sie rauchen und/oder regelmäßig (drei Mal oder häufiger pro Woche) Alkohol trinken und/oder öfters übliche Schmerzmittel wie z.b. Aspirin einnehmen, erhöhen ihr statistisches Fehlgeburtsrisiko um das Zwei- bis Dreifache.
- *Der Mann:* Auch der Lebensstil des Mannes hat indirekt Einfluss auf den Verlauf einer Schwangerschaft. Wenn eine Frau von einem Mann mit einer reduzierten Spermienqualität schwanger wird, hat sie, im Vergleich zu Männern mit gesunderen Samenzellen, auch ein erhöhtes Fehlgeburtsrisiko. Der Lebensstil eines Mannes (Nikotin, Alkohol, Medikamentengebrauch, Ernährung, Stress, Schlafrhythmus, etc.) hat, auch wenn Männer davon häufig nichts hören wollen, eindeutig Einfluss auf die Qualität seiner Spermien und somit auf das Fehlgeburtsrisiko.
- *Erkrankungen:* Es gibt einige wenige Erkrankungen oder körperliche Umstände der Frau, die häufig zu einer Fehlgeburt führen. Zu erwähnen ist die Bildung gutartiger Tumore, Myome, wobei es sehr von der Größe und der Lage der Myome abhängt, ob vermehrt Fehlgeburten oder Frühgeburten auftreten oder sie gar kein Einfluss auf die Schwangerschaft haben. Ähnliches gilt für manche Fehlbildungen der Gebärmutter, wie z.B. die Septum-Bildung (Scheidewände) in der Gebärmutter-Höhle.

Bestimmte angeborene Blutgerinnungsstörungen (Thrombophilien) stellen ebenso ein erhöhtes Risiko dar wie bestimmte Infektionen im Genitalbereich, z.b. Chlamydien. Schließlich ist bekannt, dass bei Frauen mit einer eher schwachen Antikörperbildung (Antiphospholipid-Antikörper-Syndrom), die auch eine Gerinnungsstörung verursacht, wiederholte Fehlgeburten auftreten können.

- *Umwelteinflüsse:* Eine erhöhte Belastung durch Schwermetalle, organische Lösungsmittel oder radioaktive Strahlung kann das Risiko einer Fehlgeburt um das 5-fache erhöhen! Solche Belastungen führen meist zu frühen Schädigungen in der Embryonalentwicklung.

Die Statistik sagt nur sehr beschränkt etwas über die wirklichen Ursachen einer Fehlgeburt aus. Auch wenn unter manchen Umständen das Risiko zwei- oder auch fünffach erhöht ist, bleibt dennoch die Frage, warum es manche Kinder schaffen und andere nicht. Es handelt sich um ein enges Zusammenspiel zwischen Mutter und Kind. Dieses Zusammenspiel wird von vielen Faktoren, von denen nur wenige bekannt sind, beeinflusst. Körperliche, seelische sowie auch geistige Faktoren spielen eine Rolle. Manche Kinder scheinen sich durchsetzen zu wollen und zu können, auch wenn die Umstände alles andere als optimal sind. Andere schrecken vielleicht zurück oder hatten unter Umständen gar nicht vor, länger als eben nur für diesen kurzen Besuch zu bleiben.

Was zu tun in unserer Macht und Möglichkeit liegt, beschränkt sich darauf, die Umstände so optimal wie möglich zu gestalten. Ob dann dieses Angebot oder diese Einladung angenommen wird, muss dem Kind überlassen werden.

Wiederholte Fehlgeburten

Wenn einmal eine Fehlgeburt stattgefunden hat, ist das Risiko, beim nächsten Mal wieder das gleiche Schicksal zu erfahren, etwas höher als bei Frauen ohne frühere Fehlgeburt. Während fast jede 4. Frau im Laufe ihres Lebens eine Fehlgeburt erleidet, sind es nur 1–2% der Frauen, die mehr als zwei aufeinander folgende Fehlgeburten haben; man spricht dann von »habituellen Fehlgeburten«. So gibt es Frauen, die vier oder fünf Fehlgeburten in Folge haben, manchmal ganz früh (5.–6. Woche), manchmal wird die 8.–10. Woche erreicht. Es ist dies ein andersgeartetes Leid, nicht mehr oder weniger groß, sondern viel wechselhafter, als bei denjenigen Frauen oder Paaren, die sich seit Jahren um eine Schwangerschaft bemühen und vielleicht schon mehrere erfolglose Versuche einer künstlichen Befruchtung hinter sich haben. Die ausgeprägten Wechselbäder der Gefühle der Frau, die mehrere Fehlgeburten gehabt hat, führen oft dazu, dass sie sich in einer solchen Situation erst dann emotional auf ihre Schwangerschaft einlässt, wenn die ersten 12 Wochen erfolgreich vorbei sind.

Bemerkenswert ist, dass sich bei habituellen Fehlgeburten in der Regel keine genetischen oder chromosomalen Störungen beim Embryo nachweisen lassen. Im Gegensatz zu der sporadischen Fehlgeburt, bei der – wie oben beschrieben – oft eine Chromosomstörung als Ursache angenommen wird, ist bei den habituellen Fehlgeburten meistens nicht von einer Ursache beim Kind auszugehen. Das bedeutet, dass eher Störungen oder ungünstige Umstände im Organismus der Frau vorliegen, die eine normale Weiterentwicklung einer bereits begonnenen Schwangerschaft erschweren, wie sie im vergangenen Kapitel dargestellt sind. Wenn eine Frau mehr als zwei aufeinander folgende Fehlgeburten hatte, sollten deshalb Untersuchungen durchgeführt werden, die abklären, ob Fehlbildungen oder Veränderungen in der Gebärmutter, ob hormonelle Störungen oder die heute zunehmend erforschten Thrombophilien vorliegen.

Thrombophilie

Wie ist es zu verstehen, dass Thrombophilien ein Risikofaktor für Fehlgeburten wie auch spätere Schwangerschaftskomplikationen sind? Es handelt sich bei der Thrombophilie um eine erhöhte Neigung zur Thrombose, d.h. eine Neigung, dass das flüssige, verbindende Blut in Erstarrung gerät und damit auch eine Bedrohung für den Gesamtorganismus wird.

Das Blut befindet sich normalerweise ständig in einem Schwebezustand zwischen einer zu geringen und einer erhöhten Gerinnungsneigung. Erstere kann spontane Blutungen oder auch Organblutungen zur Folge haben – ein Zustand, der vor allem bei Neugeborenen befürchtet wird, da diese eine von der Natur veranlagte herabgesetzte Gerinnung haben, welches sich u.a. in dem niedrigen Vitamin-K Gehalt widerspiegelt. Eine erhöhte Gerinnungsneigung dagegen bringt Thrombose- und Emboliegefahr mit sich, was in der zweiten Lebenshälfte vermehrt vorkommt.

Das gesunde Blut wird durch Einflüsse, die mit dem Ich des Menschen zu tun haben, in diesem labilen Gleichgewicht zwischen zwei Kräften gehalten. Die eine Neigung ist die des Auflösens und Ausfließens, die andere verhärtet und verfestigt. Der ständig vorhandenen Gerinnungstendenz des Blutes wird durch die Tätigkeit der Geistwesenheit des Menschen entgegengewirkt. In der anthroposophischen Menschenkunde und Medizin wird dieser Zusammenhang der Gerinnung mit dem Verhältnis zwischen Körper und Geist ausführlich dargestellt (siehe: Rudolf Steiner und Ita Wegmann, *Grundlegendes für eine Erweiterung der Heilkunst*. Dornach 1991).

Die ›anderen Umstände‹ der Schwangerschaft beinhalten eine gewisse Lockerung zwischen Körper, Seele und Geist. Die schwangere Frau ist nicht mehr so präsent und geistesgegenwärtig, die seelische Verfassung ist träumerisch, und auch körperlich findet ein Lösen statt: Die Muskulatur sowie auch die Verbindungen zwischen den Knochen werden lockerer, das Gewebe wässeriger, der Darm träger, etc. Eine Schwangerschaft braucht einen Körper, in dem wenig Verfestigendes lebt, die Waage geht eher in Richtung Lösung und Entspannung, wobei das Seelisch-Geistige sich weniger intensiv mit dem Körperlichen verbindet.

Bei angeborenen oder erworbenen Thrombophilien, also bei einer erhöhten Thromboseneigung, steht die verfestigende Seite des Blutes im Vordergrund. Auch wenn es nicht zu einer direkten Thrombose kommt, ist es gut nachvollziehbar, dass ein Organismus, in dem zuviel Verfestigungsneigung herrscht, nicht optimal für eine Schwangerschaft vorbereitet und geeignet ist. Ein so gearteter weiblicher Körper ist weniger empfänglich und weniger in der Lage, über längere Zeit Platz für eine Schwangerschaftsverfassung und ein Kind zu ermöglichen. Die Lockerung der anderen Umstände, die Platz für ein neues Menschenwesen schafft, kann weniger vollständig vollzogen werden, sodass sowohl Hemmungen bei der Befruchtung als auch im Verlauf der frühen und auch späteren Schwangerschaft auftreten können.

Das bedeutet aber sicher nicht, dass eine genetisch veranlagte Diagnose der Thrombophilie unbedingt zu Problemen führen muss. Viele Frauen mit dieser Diagnose werden problemlos schwanger. Sie wissen in der Regel nichts von ihrer Thrombophilie und merken auch nichts davon. Nur veranlasst durch z.B. Fehlgeburten oder andere Komplikationen in der Schwangerschaft wird diese Blutgerinnungsdiagnostik überhaupt durchgeführt. Therapeutisch ist es unter Umständen sinnvoll, unter fachärztlicher Kontrolle Heparin zu geben.

Der Mensch *ist* aber nicht seine Gene, er *hat* sie. Er wird auf diese Weise aufgefordert, mit den Gegebenheiten, mit seiner genetischen Veranlagung etwas zu tun. So kann versucht werden, die Tendenz zur Verfestigung im Blutbereich durch anthroposophische Medikamente oder auch durch bestimmte Seelenübungen auszugleichen. Eine geeignete Seelenverfassung wird am bildhaftesten ausgedrückt in der »Sixtinischen Madonna«, einem berühmten Gemälde Raphaels (s. Seite 44).

Wie kann man vorbeugen?

Ist es möglich, vorbeugend etwas zu tun und so das Risiko einer (erneuten) Fehlgeburt zu verringern? Die Antwort auf diese Frage hängt natürlich mit den Ursachen der Fehlgeburt zusammen. Deshalb muss die Frage auf drei verschiedenen Ebenen besprochen werden: der geistigen, der körperlichen und der seelischen Ebene.

Die geistige Ebene

Geburt und Tod sind in erster Instanz Schicksalsmomente. Ob ein Kind geboren wird oder wann jemand stirbt, haben wir nur bedingt in eigener Hand, vieles wird gestaltet nach dem, was man die ›Weisheit des Jenseits‹ nennen könnte. Es ist nicht einfach, sich eine Vorstellung des Seins-Zustandes eines ungeborenen Menschen zu machen. Trotzdem können wir es versuchen. Für die Fragen über das Leben zwischen Tod und neuer Geburt, oder solche, die uns in Bezug auf die Inkarnation eines Menschen beschäftigen, können die Ausführungen Rudolf Steiners eine entscheidende Hilfestellung bieten.

Es ist anzunehmen, dass die Ungeborenen über einen unschätzbaren Weisheitsschatz verfügen, auch deshalb, weil sie in ihren

Wahrnehmungen noch nicht von einem irdischen Körper mit physischen Sinnesorganen beschränkt werden. Ist es nicht denkbar oder nahe liegend, dass es – für uns nicht nachvollziehbare – Beweggründe gibt, die Anlass für eine Geburt oder auch für eine sehr frühe Verabschiedung sind? So ist es vorstellbar, dass ein Sterben vor der Geburt so von dem Menschenwesen gewollt und beabsichtigt ist und für ihn einen Sinn ergibt. Es braucht viel guten Willen, um soviel Ehrfurcht und Respekt für den Lebensweg und Lebenswandel eines Anderen – den wir noch nicht mal kennen oder je gesehen haben – aufzubringen und ihm nur einladend und dienend zur Seite oder zur Verfügung stehen. Könnte es sein, dass ein Menschenwesen schon vor der Befruchtung aufgrund von Vorerfahrungen aus früheren Erdenleben eine klare Intention in Bezug auf das vor ihm liegende Erdenleben hat?

Wenn wir uns auf die Vorstellung einlassen können, dass ein solches Menschenwesen über eine umfassendere Weisheit verfügt, als sie uns normalerweise gegeben ist, dann kann eine solche Offenheit hilfreich sein bei der gestellten Frage nach einer möglichen Vorbeugung.

Diese Lebenseinstellung kontrastiert aber mit der heute gängigen Überzeugung, dass ein Kind bei der Befruchtung aus den Genen der Eltern ›gemacht‹ wird und somit ein biologisches Wesen ist, das erst im Laufe der Zeit zum *Menschen* wird: Manche sprechen von der 12. Schwangerschaftswoche, andere von der 24., wieder andere erst vom Zeitpunkt der Geburt. Vor diesem Hintergrund ist eine Fehlgeburt nichts anderes als ein ›biologischer Unfall‹, bei dem nicht nach einem eventuell vorhandenen geistigen Sinn gefragt wird.

Die körperliche Ebene

Schon die erste Begegnung eines geistigen Menschenwesens mit dem irdischen, physischen Dasein führt zu einer Auseinandersetzung. Dann schon wird klar, dass die geistige Intention nicht immer realisiert werden kann. Irdische Widerstände können nicht immer überwunden werden. Vor mühsamen Umständen kann zurückgeschreckt werden. Deshalb ist das der Bereich, in dem es unter Umständen möglich ist, die körperlichen Voraussetzungen für eine ungestörte Schwangerschaft zu verbessern, um dadurch das Risiko einer eventuellen Fehlgeburt zu verkleinern.

Konkret bedeutet dies, dass es sinnvoll ist, sich vor einer Schwangerschaft beim Frauenarzt untersuchen zu lassen, um eventuell vorhandene Krankheiten (z.b. Scheideninfekte, Myome, Gebärmutterschleimhautpolypen) vorher zu behandeln. Auch ist es ratsam, vorher zum Zahnarzt zu gehen, um zu verhindern, dass während der Schwangerschaft eine größere Zahnbehandlung mit Röntgen, Schmerzmitteln oder Antibiotika notwendig wird.

Alles, was mit dem Lebensstil zusammen hängt, wie Rauchen, Alkohol, Schmerzmittelgebrauch, Ernährung, Rhythmus oder Stress betrifft sowohl die seelische wie die körperliche Ebene. Wie schon im Kapitel über Ursachen und Risikofaktoren erwähnt, haben alle diese Faktoren einen nicht unerheblichen Einfluss auf das Fehlgeburtsrisiko. Oft hilft der Hinweis, dass der Lebensstil, der in Bezug auf Tagesrhythmus, Schlaf, Medien und Lärmbelästigung, Ernährung etc. für das Leben mit einem Säugling oder Kleinkind optimal ist, ebenso für die Zeit vor der Empfängnis und natürlich auch während der Schwangerschaft die günstigsten Voraussetzungen bietet.

Nahrungsergänzung

In der Werbung werden verschiedene, die Nahrung ergänzende Präparate speziell für die Schwangerschaft angepriesen, die eine optimale Entwicklung des Kindes begünstigen sollen. Diese Kombinationspräparate beinhalten verschiedene Vitamine,

Eisen, Magnesium, Jod, Folsäure und andere Mineralien. Auf diese Weise wird eigentlich nur vermittelt, dass unsere Nahrung unzureichend ist, wir uns schlecht ernähren und dies auch nicht ändern können – so wie in früheren Jahrzehnten verkündet wurde, Flaschennahrung sei besser als Muttermilch! Die angegebenen Tagesbedarfswerte sind in der Regel sehr hoch angesetzt, oft ohne wissenschaftlichen Beleg.

Wäre es wirklich so, dass eine schwangere Frau oder ihr Kind bei einer normalen Ernährung unter Mangelerscheinungen litte (erklärt durch den »erhöhten Bedarf«), müsste die Qualität unserer ›normalen‹ Nahrungsmittel sehr bedenklich geworden sein. Und bei genauerer Betrachtung ist dies sogar der Fall: Der Vitamin- und Mineralstoffgehalt der konventionell angebauten Nahrungsmittel ist in den letzten 30 Jahren rapide gesunken. Der Vergleich mit Produkten des biologischen oder biologisch-dynamischen Anbaus zeigt, dass bei diesen der Gehalt bis zu doppelt so hoch sein kann. Wer sich dazu noch hauptsächlich von Fertigkost ernährt, muss wirklich berechtigte Angst vor einer Unterversorgung haben, die nur mit Nahrungsergänzung kompensiert werden kann, wenn er sich nicht auf eine Umstellung der Ernährungsgewohnheiten einlassen will. Wer sich aber bemüht, hauptsächlich biologisch-vollwertig und vielseitig zu ernähren, braucht keine Nahrungsergänzung. Außerdem ist ein solcher Ernährungsstil eine gute Vorbereitung auf das Leben mit einem Kind.

Seelische Ebene

Abgesehen von den genannten Faktoren hinsichtlich des Lebensstils ist es eine weitere Herausforderung, die eigene Seelenverfassung so zu gestalten, dass unnötige Ängste und Spannungen so wenig wie möglich Zugriff haben. Wenn in der Umgebung mehrere Frauen gerade eine Fehlgeburt gehabt haben, oder wenn eine solche selber schon erlitten wurde, ist die Gefahr groß, zu sehr von ängstlicher Anspannung belästigt zu werden. Dies ist zu verstehen, für den Verlauf der Schwangerschaft aber natürlich eher belastend.

Wer aktiv etwas für die Gestaltung des eigenen Seelenlebens tut, etwa in Form von Meditationen, kann sich schnell stabilisieren und gegen unnötige Verunsicherung schützen. Eine insbesondere für die Frühschwangerschaft günstige Seelenstimmung ist von Zuversicht, Gottvertrauen sowie innerer Ruhe und Gelassenheit geprägt. Wie ist das zu erreichen, wenn man in dieser stressigen Zeit lebt und ständig hört oder liest, was alles schiefgehen kann?

Sixtinische Madonna

Ich habe bereits die Beschäftigung mit einem Gemälde Raphaels, der »Sixtinischen Madonna« erwähnt. Es handelt sich um ein Gemälde, das der Mahler Raphael da Urbino im Jahr 1513 im Alter von 30 Jahren, sieben Jahre vor seinem frühen Tod, für die neu erbaute Kirche eines Italienischen Klosters gemalt hat, und das heute in Dresden zu sehen ist. Maria ist mit ihrem Sohn auf dem Arm abgebildet. Im Himmel des Hintergrunds sind viele Kindergesichter zu sehen. Diese Welt der Ungeborenen, die sich noch im Himmel befinden und jetzt Maria mit dem Jesuskind zuschauen, ist normalerweise hinter einem jetzt aufgehaltenen Vorhang verborgen. Maria schreitet mit dem Kind auf dem Arm über die Wolken zur Erde hinunter.

Ein Kind aus der Welt der Ungeborenen zur Erde zu tragen, ist das, was während jeder Schwangerschaft passiert. Das Kind auf Marias Arm hat zwar das Alter von etwa zwei Jahren, Maria trägt es aber mühelos, als ob es nichts wöge. Es ist deshalb anzunehmen, dass der Maler ausdrücken wollte, Maria sei schwanger. Ihr innerer Mantel ist warm-rot, sie schafft es aber, sich mit ei-

nem kühl-blauen Mantel gut abzugrenzen. Sogar das Kopftuch bildet die Geste der Umhüllung, der Geborgenheit, des Schutzes. Das Eindruckvollste ist jedoch der Blick Marias. Dieser Blick ist ansatzweise nur bei einer schwangeren Frau zu finden. Sie schaut nicht in die Welt hinein, sondern ist mit ihrer Aufmerksamkeit im Innern. Sie ist weder heiter und fröhlich, noch niedergeschlagen durch die Schwierigkeiten, die sie vielleicht ahnt. Ihr Blick lässt uns an ihrer Seelenverfassung teilhaben, die ausstrahlt: *Nicht mein, sondern Dein Wille geschehe.* Voller Zuversicht stellt sie sich dem Schicksal, das sich vollziehen muss, zur Verfügung.

Mit diesem Bild kann eine Art meditativer Umgang gepflegt werden, indem diese Seelenstimmung ein paar Minuten abends vor dem Schlafen gezielt innerlich nachempfunden wird. Dies wirkt stärkend und schützt gegen Ängste und Verunsicherungen.

Insofern ist auf der seelischen Ebene eine gewisse Vorbeugung möglich, ein Eigenanteil ist auf jeden Fall vorhanden, er wird aber nie allein über das Schicksal einer Schwangerschaft entscheidend sein können. Deshalb kann in der Regel nicht von Schuld gesprochen werden, da beide Welten beteiligt sind.

Aus einer Patientenbesprechung mit Rudolf Steiner im Jahre 1923

Auf Anregung Rudolf Steiners entstand die anthroposophische Medizin, insbesondere in Zusammenarbeit mit der Ärztin Dr. Ita Wegman, die 1921 in Arlesheim bei Dornach/Schweiz eine Klinik gründete. Dort fanden viele Patientenbesprechungen mit Rudolf Steiner statt, in denen er diagnostische und therapeutische Ratschläge gab. So wurde ihm 1923 eine 33-jährige Frau vorgestellt, die die Frage stellte, was sie tun könne, um ein Kind zu gebären, nachdem sie wiederholte Fehlgeburten erlitten hatte. Einige Passagen aus diesem Gespräch werden hier wiedergegeben.

»Es ist tatsächlich meine Meinung diese, dass, wenn Sie ein Kind haben wollen, so würde man nicht viel durch eine Kur herbeiführen müssen. In diesen Dingen liegen starke karmische Ursachen, die vielleicht modifiziert würden, wenn das Kind geboren werden könnte unter Umständen in den Sommermonaten. Dann könnte ich mir denken, dass das eine Hilfe bringen könnte.«*

Die Patientin fragt, ob bei ihr eine Schuld für diese Fehlgeburten vorliegen kann.

»Dass Sie sich nicht richtig verhalten haben, das liegt tiefer; das ist Wirkung. Man kann die Wirkungen nie auslöschen, wenn man die Ursachen nicht auslöschen kann. Es liegt kaum etwas im physischen Leib, sondern alles im Ätherleib.«

Die Patientin fragt, ob sie das nicht ändern könne:

»Ich würde das nicht gerade ändern in Bezug auf das Gebären von Kindern. Wie ist es im Beruf? Ich würde Ihnen raten, wenn sie eine künstlerische Ader haben, so versuchen Sie, die Arbeit aus der Meditation hervorgehen zu lassen; hier und da mal etwas, nicht alles. Zuerst eine etwas unbestimmte Wolke vorstellen und dann diese unbestimmte Wolke durch die Wirkung der Sonnenstrahlen zu etwas Künstlerischem werden lassen: eine Puppe, oder etwas zum Malen oder sonst etwas. Das kann von starker Wirkung auf Ihren Ätherleib sein.«

Die Patientin sagt weiter, dass sie gerne diese zerstörerische Eigenschaft beheben möchte:

* Für dieses und die folgenden Zitate, siehe: A.G. Degenaar, *Krankheitsfälle und andere medizinische Fragen besprochen mit Rudolf Steiner*. Manuskriptdruck.

»Das werden Sie nur können, wenn Sie sich z.B. mit etwas beschäftigen, was nicht nahe liegt, z.B. mit den Himmelsverhältnissen, den Planetenstellungen, z.B. die Venus sieht man im Oktober an der Stelle des Himmels usw.«

Aus diesen Äußerungen geht hervor, dass Steiner aufgrund seiner Wahrnehmungen der übersinnlichen Wesenglieder des Menschen (Ätherleib, Astralleib und Ich-Organisation) deutlich sagen konnte, dass bei *dieser* Frau die Ursache im Ätherischen lag, also wahrscheinlich auf eine Schwäche im Ätherleib zurückzuführen ist. Dieser könnte durch eine bestimmte meditative, künstlerische Arbeit gestärkt werden.

Im Bereich des Seelischen, das die Patientin als zerstörerisch empfindet, wird ihr empfohlen, sich mit Astronomie, insbesondere mit den Bahnen der Planeten (Venus!), zu beschäftigen.

Rudolf Steiner weist darauf hin, wie entscheidend wichtig die Geburt und damit das Einsetzen einer regulierten Atmung für das Schicksal eines Kindes ist. Vorher ist es »keine [so] große Sache«, den Weg zurückzugehen. Ganz anders sieht es aus, wenn ein Kind nach der Geburt stirbt.

Nach einer Fehlgeburt

Wenn eine Fehlgeburt erlitten und eine Ausschabung in einer Klinik durchgeführt wurde, werden der Embryo und das Gewebe des Mutterkuchens in aller Regel zur feingeweblichen, histologischen Untersuchung in ein entsprechendes Labor gesandt. Anschließend wird es »hygienegerecht entsorgt«. Abhängig vom Schwangerschaftsalter und damit der Größe des Embryos, aber auch davon, wie lange es schon abgestorben war, ist nach dem Eingriff mit dem Auge nicht mehr viel von der Gestalt zu erkennen. Wenn etwa in der 7. Schwangerschaftswoche der Embryo nicht mehr lebt und es erst eine Woche später zur Fehlgeburt kommt, ist der Embryo etwas 5 mm groß gewesen und löst sich recht bald auf.

Eine Frage, die immer wieder gestellt wird, ist die der Beerdigung. Ab wann kann, muss, darf beerdigt werden und was ist sinnvoll? Die Antwort auf diese Frage hängt auch mit einigen Formalitäten zusammen. Bestattungspflicht gilt für alle Lebendgeborenen, unabhängig vom Geburtsgewicht oder der Schwangerschaftsdauer, sowie für totgeborene Kinder mit einem Geburtsgewicht von mindestens 500 g. Eine »Fehlgeburt« nennt man offiziell alle Totgeborenen unter 500 g. Bei Fehlgeburten besteht keine Bestattungspflicht, aber neuerdings in zunehmend vielen Bundesländern ein Bestattungsanspruch, allerdings nur, wenn die Schwangerschaft länger als 12 Wochen gedauert hat. Dies bedeutet, dass ein Bestattungswunsch der Eltern nicht verwehrt werden darf. Außerdem bieten immer mehr Kliniken in Zusammenarbeit mit einem nahe gelegenen Friedhof die Möglichkeit an, den Embryo oder Fetus nach einer Fehlgeburt auch schon vor der 12. Woche auf einem Grabfeld beizusetzen. Meistens geschieht dies ohne Namen.

Da eine Fehlgeburt meistens sehr unerwartet kommt und die Seele mit Trauer und Abschied erfüllt ist, ist es schwer, sich in dieser Situation um solche Sachen zu kümmern. Trotzdem ist es wichtig, die Frage nach der Beerdigung anzusprechen, da dies doch auch ein Teil der Trauerarbeit umfasst. Auf der Internetseite der bundesweiten Selbsthilfeorganisation *Initiative Regenbogen* ist immer Aktuelles über Kliniken mit Grabfeldern zu finden (www.initiative-regenbogen.de).

Soll das ungeborene Kind einen Namen tragen? Es gibt Frauen oder auch manchmal Männer, die noch vor der Befruchtung von einem Kind träumen, das schon einen Namen hat. Im Allgemeinen wird dem Kind ein Name gegeben, wenn es das Licht der Welt erblickt, d.h. wenn es auf der Erde angekommen ist. Es ist der Erdenname für dieses Menschenwesen, gemeint für diesen Lebensweg, der mit der Geburt anfängt, von dem aber manchmal schon im Vorgeburtlichen etwas aufleuchtet. Wenn Eltern eine späte Fehlgeburt, eine frühe Frühgeburt oder eine Totgeburt erleben mussten, wird dem verstorbenen ungeborenen Kind häufig ein Name gegeben. Dies ist hilfreich bei der Gestaltung der Trauerprozesse und auch dabei, die Beziehung noch längere Zeit zu pflegen. Für die meisten Eltern ist es evident, dass dem Ungeborenen bei einer frühen Fehlgeburt noch kein Name gegeben wird, da die Individualisierung noch viel zu gering war und meistens auch noch kein individueller Bezug zu dem Menschenwesen aufgebaut werden konnte.

Ähnliches gilt für die Einrichtung einer kleinen Gedenkstelle im Wohn- oder Schlafzimmer. Viele Paare, bei denen eine spätere Fehl- oder Todgeburt stattgefunden hat, haben das Bedürfnis, an einer Stelle im Haus eine Kerze hinzustellen, mit einem Gedicht oder Bild, vielleicht einem Foto, ein Paar Blumen oder etwas anderem zur Erinnerung. Wenn schon andere Kinder in der Familie sind, können auch diese etwas Selbstgemachtes aufstellen und ihre Gefühle zum Ausdruck bringen. Für alle Beteiligten kann es hilfreich sein, die Gedanken und Gefühle zu zentrieren. Ab wann so etwas sinnvoll ist, wird jeder für sich schnell bemerken und hängt sehr von der Intensität der frühen Verbindung mit dem Kind ab.

Konsequenzen für den Mann und die Partnerschaft

Körperlich kann nur die Frau eine Fehlgeburt durchleben und durchleiden. Sie hat die Blutung, den Schmerz und gegebenenfalls die Narkose und Ausschabung. Ihr Körper muss sich auch hormonell wieder umstellen und erholen. Naturgemäß wird auch ihre

Seele stärker von Trauer und Schmerz überwältigt werden, was sie meistens weder gut verbergen kann noch will.

Von dem Partner wird oft erwartet, dass er seine Frau unterstützt, ihr beisteht, hilft und tröstet. Aber auch er hat seine Schmerzen oder Verzweiflung, auch wenn sie nicht so nah an der Oberfläche liegen. Was macht er damit, wann hat er Zeit und Raum, sich darauf einzulassen, da von ihm ja oft erwartet wird, dafür zu sorgen, dass das vielleicht schon vorhandene Familienleben mit den anderen Kindern weiterläuft, dass er die Telefonate beantwortet und seine Frau schont. Auch er muss seine Trauerarbeit leisten können. Das ist nicht einfach. Es ist für beide Partner wichtig, diese ungleiche Verteilung zu beachten und in diesem Prozess füreinander da zu sein.

Manche Eltern finden Hilfe, Trost und Beistand in Selbsthilfegruppen. Besonders wenn es um praktischen Beistand oder den Umgang mit anderen Kindern geht. Auch wenn es sich darum handelt, Kontakte zu anderen Menschen zu knüpfen, die ähnliches durchgemacht haben, kann es hilfreich sein, sich an eine örtliche Selbsthilfegruppe zu wenden. Die *Initiative Regenbogen* ist auch hier hilfreich, um deutschlandweit Ansprechpartner zu finden.

Abbruch nach vorgeburtlicher Diagnostik: Eine spezielle Form der Fehlgeburt?

Natürlich wünscht sich jede schwangere Frau oder jedes werdende Elternpaar ein gesundes Kind. Meistens geht dieser Wunsch in Erfüllung. Im Rahmen der Schwangerenvorsorge werden regelmäßige Untersuchungen zur Vorbeugung vermeidbarer Erkrankungen oder Behinderungen durchgeführt. Manche Erkrankungen oder Behinderungen sind aber nicht zu vermeiden, da sie entweder chromosomal oder genetisch bedingt sind oder in einem frühen Stadium der Embryonalentwicklung entstehen. Weitaus die meisten Behinderungen (rund 90 %) sind nicht angeboren, sondern entstehen im Verlauf des späteren Lebens. Drei Prozent aller Kinder kommen mit einer Behinderung oder chronischen Erkrankung zur Welt.

Wer sich aber heute ein gesundes Kind wünscht, kann in der Frühschwangerschaft z.b. mittels einer Fruchtwasserpunktion untersuchen lassen, ob das Ungeborene ein Down-Syndrom oder andere chromosomale Störungen oder Behinderungen hat. In dem Fall ist es gesetzlich erlaubt, einen Schwangerschaftsabbruch vornehmen zu lassen, auch nach der 14. Schwangerschaftswoche. Auf das dadurch ausgelöste Trauma folgt ein Trauerprozess, der oft versteckt und ambivalent ist, da es selbst verursacht wurde. Bei der Verarbeitung eines solchen Verlustes bedarf es oft professioneller Hilfe.

Näheres zur Methodik der vorgeburtlichen Diagnostik sowie zu gesellschaftlichen und ethischen Aspekten finden Sie im Anhang dieses Buches (s. Seite 95 ff.).

Fehlgeburt nach künstlicher Befruchtung (In-vitro-Fertilisation)

Heute sind in Deutschland 1 bis 2 % der Kinder, die auf die Welt kommen, im Labor gezeugt worden. Die künstliche Befruchtung, In-vitro-Fertilisation (IVF), ist keine Randerscheinung mehr, sondern inzwischen allgemein akzeptiert und eingesetzt. Da die Fehlgeburtsrate nach einer künstlichen Befruchtung wesentlich höher liegt als nach einer ›natürlichen‹ Befruchtung, werde ich hier etwas ausführlicher auf diese Art der Fortpflanzung eingehen.

Seit gut 20 Jahren wird unerfüllter Kinderwunsch nicht mehr als ›Schicksal‹ oder Fügung der Natur hingenommen. Stattdessen bietet die Entwicklung der Reproduktionsmedizin immer mehr Methoden an, Kinder bekommen zu können. Es passt in diese Zeit, auch die Fortpflanzung nicht nur der ›Willkür‹ der Natur oder dem Schicksal zu überlassen, sondern gegebenenfalls mit erworbenen Erkenntnissen und Fähigkeiten einzugreifen, so wie wir auch den Verlauf von Krankheiten nicht der Natur überlassen.

Als Rudolf Steiner 1918 vom »eugenetischen Okkultismus« (*Die soziale Grundforderung unserer Zeit*. GA 186. Dornach 1990) sprach, einer künftig zu entwickelnden Fähigkeit, die menschliche Fortpflanzung aus der »bloßen Willkür und dem Zufall« herauszuheben und in Einklang mit der Sternenkonstellation zu bringen, meinte er allerdings etwas ganz anderes. Die heutige Methodik der Fortpflanzungsmedizin hebt die Fortpflanzung zwar auch aus der Willkür und dem Zufall heraus, aber sie bringt sie nicht mit der Sternenkonstellation im Einklang. Es bedarf einer sorgfältigen Urteilsbildung, bevor eine solche Methode angewandt wird.

Methodik der In-vitro-Fertilisation

Was passiert bei der künstlichen Befruchtung? Nach einer hormonellen Stimulation reifen bei der Frau mehrere Eizellen gleichzeitig an. Diese werden unter Ultraschall-Kontrolle mit einer Punktionsnadel entnommen und mit vorbereiteten Samenzellen in einer Petri-Schale zusammengebracht. Dort vollzieht sich dann die Befruchtung, wenn die Umstände und die Qualität der Ei- und Samenzellen gut sind. Nach der Befruchtung ist der Embryo bei ungestörter Entwicklung am dritten Tag schon im 8. bis 16. Zellstadium. Zwei dieser befruchteten Eizellen werden in die Gebärmutter eingeführt, in der Hoffnung, dass sie sich in der Schleimhaut einnisten und eine ›normale‹ Schwangerschaft folgt. Wenn mehrere Eizellen befruchtet, aber nur zwei implantiert wurden, werden die restlichen in einem frühen Stadium eingefroren, für den Fall, dass sie später noch gebraucht werden. Trotz enormer Fortschritte in der Technik der IVF gelingt es meistens nicht, auf diese Weise ein Kind zur Welt zu bringen. Nur ungefähr 10–15% der IVF-Versuche führen zur Geburt eines Kindes. Das heißt, die Zahl der ›Fehlgeburten‹ ist deutlich höher als nach einer Befruchtung auf natürlichem Wege. Auf diese Weise werden also viele zusätzliche Fehlgeburten erzeugt. (Einen weiterführenden Aufsatz zu der speziellen Thematik Epigenetik und In-vitro-Fertilisation finden Sie im Anhang, Seite 102 ff.)

Empfängnis und Fehlgeburt

Dass es bei der IVF deutlich häufiger zu einer frühen Fehlgeburt kommt als bei der ›normalen‹ Befruchtung, kann ein Hinweis darauf sein, dass viele Keimentwicklungen nicht von einer Seele ergriffen werden und ›leer ausgehen‹. Dass ein physischer Keim, der im Labor gezeugt wurde, weniger oft von einer Seele angenommen wird, kann nachvollziehbar sein. Eine Befruchtung ist dem Wesen nach wie ein physisches ›Angebot‹ im Sinne einer Einladung. Ob aus der geistigen Welt als Antwort eine Empfängnis erfolgt, liegt nicht in unserer Macht. Empfangen zu können beinhaltet immer eine gewisse Abhängigkeit, nämlich davon, ob etwas gegeben wird. Eine Empfängnis lässt sich nicht herbeizwingen. Die geistige Welt kann auch durch modernste Fortpflanzungstechnologie nicht gezwungen werden, eine Individualität mit einem in-vitro gezeugten Keim zu verbinden. Trotzdem werden viele Kinder nach IVF geboren. Die Frage nach dem Warum wird vorerst unbeantwortet bleiben.

Aber auch bei den Schwangerschaften, die anfänglich einen normalen Verlauf nehmen, ist die Fehlgeburtsrate höher. Dass diese Fehlgeburtsrate soviel höher liegt, bedeutet aber, dass für jedes Kind, das nach IVF geboren wird, viele Schwangerschaften begonnen und nicht vollendet werden konnten.

Kinder nach IVF

Die Entscheidung für oder gegen eine IVF ist nicht leicht zu treffen. Wenn ein Kind nach IVF geboren ist, bedarf es besonderer Begleitung. Unabhängig davon, wie man über IVF denkt und urteilt: Es braucht unsere besondere Aufmerksamkeit, da zumindest seine Anfänge in die Embryonalentwicklung erschwert waren. Für die Eltern ist die Beziehung zu ihrem Wunschkind anders als nach einer ›natürlichen‹ Zeugung: Es wurde in der Regel lange gewartet, verschiedene Standpunkte wurden diskutiert, und man musste viel Mühe und u. U. auch Geld aufbringen, bis der Wunsch in Erfüllung ging. Vielleicht brauchen diese Kinder mehr Umhüllung und menschliche Verbindungen.

Auch wenn wir noch weit davon entfernt sind, die Fortpflanzung aus der »bloßen Willkür oder dem Zufall« herauszuheben und in Einklang mit der Sternenkonstellation zu bringen, und auch wenn wir nicht wissen oder verstehen, warum ein Kind diesen mühsamen Weg der Inkarnation gewählt hat, ist es unsere Aufgabe, diese Kinder insbesondere bei der eigenen Gestaltung ihrer Lebensstrukturen zu begleiten.

Kapitel 3

Über die Rätsel von Empfängnis und Schwangerschaft

Ich sitze und sinne im lichten Wind,
Ich suche, ich rufe nach meinem Kind.
Wo ist meine Wonne?
Schein es, oh Sonne!

Ihr Blumen, ihr Bäume, hört mich an,
Sagt, wo mein Kindlein weilen kann.
Du Bach ohne Ruh,
Schnell, rausch es mir zu!

Nun summen, nun singen der Bach und der Baum,
Die Sonne, der Wind, der Sternenraum:
Auf schimmerndem Stern
Dein Kind singt erdfern!

Sei stille, sei selig, mein sehnendes Herz!
Mein Kind ist ohn allen Erdenschmerz,
Hat Wonnen gar viel,
Mein Kind ist am Ziel.

Ich sitze und sinne im lichten Wind,
Ich weiß nun, wo ich mein Kindlein find.
Nun staun ich und sinne
Das Herz voller Minne.

Annie Waldt

Die Empfängnis

Empfängnis, so nennen wir die Befruchtung.

Empfängnis kommt von Empfangen. Empfangen bedeutet, offen zu sein.

Offen sein für etwas, das uns gegeben oder geschenkt wird.

Empfangen ist nicht Nehmen, Nehmen ist aktiv und selbstbestimmt.

Um empfänglich sein zu können, sind wir abhängig davon, ob, wann und was uns geschenkt wird.

Es ist schwer, abhängig zu sein, besonders in unserer selbstbestimmten Welt.

Empfänglich zu sein, bedeutet Offensein, aber auch einladend.

Die Gastgeberin

Wenn jemand einen Gast einladen möchte, wird zuerst eine Einladung ausgesprochen und dafür gesorgt, dass ein schönes Gästezimmer zur Verfügung steht. Wenn ein Gast sich zum Annehmen der Einladung genötigt fühlt, sinkt die Begeisterung. Wenn es ihm aber überlassen wird, ob und wann er kommt, und er dann aus freier Entscheidung die Einladung annimmt, sind die Voraussetzungen für den Besuch günstiger. So gesehen ist es immer ein Wagnis, jemanden einzuladen, da es enttäuschend ist, wenn er nicht kommt.

Wenn der Gast kommt, ist es die Kunst des Gastgebers, die richtige Balance zwischen aufdringlichem Umsorgen und zu viel Distanz zu finden. Der Gast soll sich ja wie zu Hause fühlen können. Ständiges Nachfragen, ob er noch etwas braucht, ist nicht das Wahre, ebenso wenig, wie dem Gast nur einen Schlüssel zu überreichen und ihn sich selbst zu überlassen. Was er braucht, ist Geborgenheit und das Wissen, dass die Gastfamilie für ihn da ist und ihn versorgt, und er trotzdem genügend Raum hat, für sich sein zu können.

Zur Gastfreundlichkeit gehört auch, die eigenen Interessen ein wenig zurückstellen und für den anderen da sein zu können. Dies bedeutet auch, den Willen des Gastes zu respektieren: Wann will er kommen, wann will er gehen? Natürlich ist es die Aufgabe der Gastgeberin, dafür zu sorgen, dass der Gast sich so wohl wie möglich fühlt – aber wenn er trotzdem gehen will, kann man ihn nicht zum Bleiben zwingen ...

Früher, als ich groß war

So lautet der Titel eines Buches mit Reinkarnationserinnerungen von Kindern.* Es beschreibt, wie kleine Kinder manchmal in einem kurzen Satz etwas wie eine Erinnerung an die Welt, aus der sie kommen, durchschimmern lassen.

»Ich habe dich als Mutter ausgesucht, aber ich weiß es nicht mehr.«

* Klink, Joanne, *Früher, als ich groß war. Reinkarnationserinnerungen von Kindern.* Grafing ⁶2004.

»Mama, es war schwer, zu dir zu kommen. Ein Engel hat mich getragen, über einen tiefen Abgrund.«
»Papa, bist du schon mal gestorben? Ich schon, als ich geboren wurde.«

Wie für viele Menschen das Leben nach dem Tod nicht aufhört, sondern in geistiger Form weitergeht, so gibt es auch das Leben vor der Geburt, oder vor der Befruchtung.

Die Existenz dieser geistigen Welt, in die das Leben *nach dem Tod* übergeht in ein Leben *vor der Geburt*, kann nicht mit üblichen Methoden bewiesen werden. Auch für andere wichtige, geistige Werte wie die Liebe, das eigene Ich und auch Gott brauchen viele Menschen keinen äußerlichen Beweis, um sie als wertvolle Instanz ihres Lebens anerkennen zu können. Wenn ich für die Idee einer geistigen Existenz des Menschen, auch bereits vor der Geburt, offen bin, und ich im Leben etwas damit anfangen kann, kann ich diese Idee als ›Arbeitshypothese‹ betrachten und sie Teil meines Lebens sein lassen.

Befruchtung und Empfängnis

Alles beginnt mit der Begegnung zwischen Frau und Mann. Alles nimmt seinen Anfang mit dieser wunderbaren Fügung der Schöpfung, die es dem Menschen unmöglich macht, sich allein und für sich fortzupflanzen – warum sind dafür überhaupt zwei Menschen notwendig, wo wir doch alle so grundverschieden voneinander sind?

In der Pflanzenwelt gibt es noch zwei Arten der Fortpflanzung: die vegetative, mittels eines Ablegers, Seitensprossen oder Wurzelsprossen, und die generative, die bekannte Geschichte von der Blume und der Biene. Manche Pflanzen können sogar beides.

Bei den Tieren gibt es fast nur die geschlechtliche Fortpflanzung. Weder ist im Tierreich das Weibchen oder Männchen, noch ist bei uns Menschen die Frau oder der Mann in der Lage, sich selbstständig zu vermehren – beide sind zu einseitig und brauchen einander, um sich zum vollständigen Menschsein zu erheben und so in der Lage zu sein, ein Menschenkind zu empfangen.

So hat auch die Sexualität zwei Seiten. Sie kann in ihrer Verbindung den Menschen aus seinem Gefangensein in der geschlechtlichen Einseitigkeit befreien, ihn über sich selber erheben und so die Voraussetzung schaffen, dass ein neuer Mensch den Eintritt in das Erdenleben finden kann. Sie kann den Menschen aber auch noch tiefer in seine einseitig geschlechtsbetonte Lust führen.

Es ist dem Zusammenwirken der Geschlechter zu verdanken, dass die Menschheit sich individualisieren kann und wir alle unser eigenes Gesicht gewinnen, durch das wir uns von den anderen unterscheiden. Dies ist sowohl auf der seelisch-geistigen wie auch auf der genetischen Ebene nachvollziehbar. Beim Klon-Verfahren mit Tieren wird versucht, ein Weibchen sich selbst reproduzieren zu lassen, sodass die Nachkömmlinge genetisch identisch mit dem ›Mutter‹-Organismus sind. Es ist keine Individualisierung möglich. Es gibt keinen Spielraum zwischen Mann und Frau, in dem sich eine neue Gestalt entwickeln kann.

Auch mikroskopisch, im Bereich der Keimzellen, spielt sich ein wunderbarer Vorgang zwischen festgelaufener Einseitigkeit und erneuernder Verbindung ab. Es gibt keinen größeren Gegensatz als den zwischen einer runden, großen, langsamen und kurzlebigen Eizelle und den vielen kleinen, beweglichen, ausdauernden Samenzellen. Das fruchtbare Spannungsfeld zwischen Frau und Mann setzt sich zwischen Ei- und Samenzelle fort.

Sowohl die Eizellen wie die Samenzellen sind so einseitig geworden, dass sie nicht länger überlebensfähig sind, sie können sich nicht mehr teilen, sie müssen sterben. Keimzellen sind nicht voller

Lebenskraft und Zukunftspotential, sondern sie sind ans Ende gekommene, sehr einseitige Zellen. Nur wenn es gelingt, die Kluft zwischen den Gegensätzen zu überbrücken, ist es möglich, beide aus ihrer Einseitigkeit zu erlösen. Was sonst zwischen Zellen nie passiert, dass aus zwei Zellen eine wird (anstelle der Zellteilung, bei der aus einer Zelle zwei werden), geschieht nur im Zusammentreffen dieser beiden sich fremden Zellen. Sie opfern dabei ihre Eigenheit und zum Teil auch ihre spezifische Struktur. Die spezifischen Einseitigkeiten der Samenzelle und der Eizelle verschwinden, und die Voraussetzung für einen neuen Organismus wird gegeben. Es entsteht eine Offenheit für neue Impulse, für eine neue Gestalt – die Grundlage eines neuen Menschenlebens.

Etwas anders formuliert sieht es so aus, dass mittels der Begegnung und Vereinigung zweier Menschen die Ergebnisse zweier generationenlanger Vererbungslinien zur Verfügung stehen und nun ein Angebot machen. Wird dieses Angebot, diese Einladung angenommen, wird eine Menschenseele diese Chance als Eintrittspforte für sein neues Erdenleben aussuchen?

Die Befruchtung spielt sich zwischen Frau und Mann ab und geschieht im weiblichen Organismus. Die Empfängnis findet dann statt, wenn zu dieser organischen Befruchtung noch eine Menschenseele hinzukommt, die diese Einladung gerne annimmt. Wie ein Angebot, das die Eltern kraft ihrer Vererbungskräfte bereitstellen, wartet oder bittet der Keim um eine zweite Befruchtung, diesmal aus der geistigen Welt. In einem chinesischen Sprichwort heißt es, dass es drei braucht, um eine Schwangerschaft entstehen zu lassen: Mutter, Vater und Kind.

Um zu dem Bild der Gastgeberin zurückzukehren: Wenn ein Paar jemandem zu einem Besuch einlädt, eine Einladung verschickt und ein Gästezimmer vorbereitet, dann wird gehofft und erwartet, dass der Gast kommen wird. Niemand wird aber fest damit rechnen, dass er tatsächlich erscheint, da auch der Gast die Freiheit hat, zu entscheiden, ob er die Einladung sofort annimmt, vielleicht erst später oder gar nicht kommen möchte. Wenn er nicht kommt, kann das zwar an der Art der Einladung liegen, es kann aber auch sein, dass die Einladung, die Intention und das Gästezimmer optimal sind und der Gast trotzdem, aus ganz anderen Gründen, die er vielleicht gar nicht nennen möchte, nicht kommt. Man wird einen Gast nie zwingen wollen und können, eine Einladung anzunehmen oder auch länger zu bleiben, als er selber will.

Die anderen Umständen

Die Schwangerschaft ist eine Ausnahmesituation, insbesondere für das Immunsystem. Die schwangere Frau macht innerlich Platz für ihr ungeborenes Kind. Sie möchte, dass es nach seiner Art wächst und gedeiht. Sie kann und will sich nicht mehr so stark selbst behaupten, sie tritt nicht so sehr in den Vordergrund. Sie macht Platz, ohne sich aber dabei ganz zurückzuziehen.

Viele schwangere Frauen sind stimmungsmäßig eher etwas verträumt statt sehr unternehmungslustig und entscheidungsfreudig. Sie haben es manchmal schwerer, sich durchzusetzen und möchten am liebsten viel Zeit für sich und ihr Kind haben. Körperlich gesehen, kann man das Immunsystem auch das höchst individuelle ›Selbstbehauptungssystem‹ nennen. Dank des Immunsystems kann der Körper sich der Umwelt gegenüber behaupten, wehrt sich gegen fremde Einflüsse, wahrt die Integrität des eigenen Körpers und wird dadurch einzigartig.

Diese Integrität ist während der Schwangerschaft in gewissem Sinne beeinträchtigt. Die »anderen Umstände« sorgen dafür, dass diese individualisierende Prägung des Körpers sich zumindest im Bereich der Gebärmutter lichtet. Der weibliche Organismus toleriert nicht nur die Entwicklung eines eigenen neuen Körpers, er ernährt und schützt ihn auch. Sämtliche Änderungen in der Physiologie einer schwangeren Frau betonen die nachlassende Kraft der individuellen Behauptung, wie die Absenkung des Eisens im Blut (Hämoglobin), die Senkung des Muskeltonus, die Überempfindlichkeit für bestimmte Gerüche und Speisen, den erhöhten Schlafbedarf etc. All dies sind Zeichen, die darauf hinweisen, dass die innere Konstitution sich ändert und eine Ausnahmesituation eintritt, auch auf immunologischer Ebene.

Die Plazenta, der ›Kindskuchen‹

Sehr bildhaft ist diese Geste in der Anatomie und Physiologie der Plazenta zu erkennen. Die Plazenta wird fälschlicherweise *Mutterkuchen* genannt, obwohl sie fast ausschließlich aus kindlichem Gewebe gewachsen ist. Sie ist nicht nur kindliche Lunge, Leber, Niere, Darm, Hormondrüse etc., sie ist auch Hormondrüse für die Mutter. Sie bildet sowohl die Verbindung als auch die Trennung zur Mutter.

Das mütterliche Blut verlässt seine Gefäße und umströmt die Zotten der Plazenta, sodass ein optimaler Austausch sämtlicher Substanzen gewährleistet wird. Die anatomische wie auch die physiologische Trennung zwischen mütterlichem und kindlichem Blut werden ausschließlich vonseiten des Kindes gestellt. Das mütterliche Blut verlässt seine Gefäße und stellt sich vollständig und uneingeschränkt dem Kind zur Verfügung. Das Kind gestaltet in Form der hoch differenzierten Struktur der Plazenta-Zotten die Abgrenzung zur Mutter. Es schützt den eigenen Blutkreislauf und reguliert über den zum Teil aktiven Substanzaustausch den Bedarf an Nahrungsstoffen wie auch die Abgabe der Ausscheidungsprodukte. Der mütterliche Organismus hat eine solche Grenze nicht, er lässt sogar das Blut frei an einem ›halb fremden‹ Organismus entlang fließen, was sonst nirgendwo passiert, denn im Kapillarsystem tritt nur das Serum aus, nicht aber die Zellbestandteile des Blutes. Das Auflösen der Grenze, die Zurücknahme der Abgrenzung, steht für Hingabe statt für Selbstbehauptung im schwangeren Organismus.

Kapitel 4

Fehlgeburt und Wiedergeburt

oder: Woher kommen und wohin gehen die Kinder?

Sei nicht traurig. Jedes Wehe
wird von einem Engel einst
aufgehoben, dass vergehe,
weshalb du hienieden weinst.

Und es wird der Engel tragen
auf den Armen dieses Leid,
es dem Schicksalslenker sagen
und verwandeln in der Zeit.

Wenn die Sterne es durchstrahlen,
darf es Heilung allen werden,
welche zu erneuten Malen
wieder finden sich auf Erden.

Albert Steffen

Wiedergeburt und Karma

Kann es einen Sinn dafür geben, dass eine Empfängnis stattfindet, eine Schwangerschaft angelegt wird und diese sich nur einige Wochen lang entwickeln kann? Gibt es eine Ebene, auf der ein solches Ereignis für die Frau, für den Mann und für das Kind einen Sinn ergibt?

Für die Frau und den Mann kann ein Schicksalsschlag kaum abrupter und schmerzlicher sein: Eben noch malten sie sich die Zukunft in freudigen Farben aus und bereiteten sich darauf vor, ihr ganzes weiteres Leben auf den kleinen Menschen auszurichten, der sich angekündigt hat. Und mit einem Mal fühlen sie sich, als hätten sie den eigentlichen Inhalt ihres Lebens verloren und trauern um einen Menschen, den sie nie gekannt haben und an dem sie doch mit all ihrer Liebe hingen. In kurzer Zeit hatte sich eine Beziehung aufgebaut, die zwar noch sehr geheimnisvoll war, da sie das Kind nur sehr bedingt kannten, die aber doch konkret erlebbar war.

Hört diese Beziehung mit der Fehlgeburt auf, oder kann sie irgendwie weitergehen? Und was ist mit der mühsamen Arbeit, die das sich inkarnierende Kind geleistet hat? War diese Arbeit in dem Fall ›umsonst‹? Oder war es eine gewisse, für uns kaum nachvollziehbare Erfüllung? Wollte dieses Kind nur diesen kleinen Schritt an der Schwelle des Erdenlebens machen, oder hatte es eigentlich vor, ein vollständiges Leben zu leben und wurde durch eine Störung von außen daran gehindert?

Für zunehmend viele Menschen ist es eine Realität, dass das Leben mit dem Tod nicht aufhört. Ein Leben nach dem Tod, ein Dasein nach diesem Erdenleben ist Vielen nicht nur ein Trost, sondern eine konkrete Perspektive, mithilfe derer die Geschehnisse, die Schicksalsschläge und -fügungen in ein erweitertes oder auch sinngebendes Licht gestellt werden.

In einem direkten Zusammenhang mit dem Leben *nach dem Tod* steht das Leben *vor der Geburt*, obwohl darüber wesentlich weniger gesprochen wird. Die Weisheit des Lebens nach dem Tod verwandelt sich in einen Lebensimpuls, der am Anfang einer Befruchtung, einer Schwangerschaft, eines neuen Lebens steht.

Rudolf Steiner beschrieb detailliert, was die Seele in dem Leben nach dem Tod erlebt und durchmacht. Nachdem das physische Kleid des Erdenlebens, der Körper, abgelegt wird, begibt sich der Wesenskern des Menschen, sein Ich, auf einen Weg durch verschiedene Ebenen der Geisteswelt. Die Essenz der Erfahrungen und die Auswirkungen der Handlungen und Taten des jetzt abgeschlossenen Lebens werden in einer Art Lebenspanorama durchlebt und gesammelt. Sie bilden zusammen mit dem Motiv, das diese Persönlichkeit schon durch viele Erdenleben hindurch getragen hat, den Ausgangspunkt für ein neues Leben. Lebenserfahrungen, Begegnungen und Taten des vergangenen Lebens (oder gar mehrerer vergangener Inkarnationen) bilden den Keim der Sehnsucht danach, sich mit einer neuen Intention und mit neuen, selbst gestellten Aufgaben und Zielen ein neues Erdenleben zu wünschen.

Die Folgen der Taten des vorangegangenen Lebens sind nicht als karmische Beschränkungen oder Strafen zu verstehen, die in einem nächsten Leben erlebt und durchlitten werden müssen. Sie sind vielmehr selbst gewählte Möglichkeiten und Chancen, die weiter entwickelt und ausgestaltet werden wollen. Aus dieser im Geist gereiften Sehnsucht wachsen die Fähigkeiten, dieses neue Leben vom Jenseits aus vorzubereiten. Diese Sehnsucht kann entstehen, wenn in einer vollständig geistigen Sphäre das Unvollständige, Unausgeglichene und Unausgereifte in den Taten und menschlichen Beziehungen des vergangenen Lebens durchlebt wird. So keimt der Wunsch, die Sehnsucht auf, erneut die Arbeit aufzunehmen und sich erneut für ein neues Erdenleben auf den Weg zu machen.

In dem neuen Leben wird manches der Vervollständigung und Weiterentwicklung näher kommen, und bestimmte menschliche Beziehungen können vielleicht von belastenden Umständen befreit werden. So wird mit neu umrissenen Intentionen ein weiteres Erdenleben vorbereitet.

In Verbindung mit welchem Erbstrom, welchen vererbbaren Lebensvoraussetzungen ist dieser neue Lebensimpuls am besten zu verwirklichen? Mit welchen anderen Menschen muss eine reelle Begegnung oder ein Lebenszusammenhang möglich sein? Welche Zeit und welche Umgebung werden für dieses ›Projekt‹ ausgesucht?

Ein Kind sucht sich seine Eltern

Da die Zeitperiode zwischen zwei Inkarnationen mit mehreren hundert Jahren angegeben wird, ist die Vorbereitung eines neuen Lebens auch entsprechend lang. Rudolf Steiner beschreibt, dass das geistige Augenmerk einer sich vorbereitenden Seele schon über viele Generationen auf bestimmte Vererbungsströme und Menschenzusammenhänge fällt. So wird von langer Hand stufenweise immer konkreter vorbereitet, wie sich ein neuer Lebensimpuls auf der Erde verwirklichen kann. In dem Sinne sucht sich ein Kind seine Eltern. Natürlich geschieht dies nicht aufgrund von Kriterien wie ›Nettigkeit‹ oder ›Bequemlichkeit‹, sondern nach einem anderen Gesichtspunkt:

»Wo bieten sich mir die Körpereigenschaften, die sozialen (gesellschaftlichen) und auch geistigen Umstände sowie die persönlichen Begegnungen, die mir die Gelegenheit geben, das zu tun, was ich mir aufgrund meines Karmas vorgenommen habe? Wie kann ich die Kräfte und Fähigkeiten entwickeln, die ich brauche, um meine vorgeburtliche Lebensintention im Dienste der Welt entfalten zu können?«

Wenn dieser Impuls sich mehr und mehr verdichtet, wird die Seele sich den geeigneten Moment suchen, um sich mit dem Schicksal zweier sich liebender Eltern zu verbinden. Dazu braucht es die Möglichkeit, sich mit dem bei einer Befruchtung vereinigten Erbgut dieser Eltern zu vereinigen (wie es im vorigen Kapitel beschrieben wurde). Das ist der Anfang des langen Weges der *Inkarnation*, der »Fleischwerdung«. Sie beginnt mit der Verbindung eines aus der geistigen Welt kommenden Ich-Wesens mit dem, was die werdenden Eltern als physische Voraussetzung (Erbgut) zur Verfügung stellen und woraus unter der Führung des sich inkarnierenden Menschenwesens der Keim eines physischen Körpers wird.

Der Prozess dieser Verbindung ist ein allmählicher. Es dauert einige Zeit, bis der Mensch sich wirklich mit dem physischen Keim verbindet und beginnt, seinen physischen Leib zu bearbeiten. Es wird dafür von Steiner ein Zeitraum zwischen kurz nach der Befruchtung und spätestens dem 17. Tag der Embryonalentwicklung angegeben. Diese Variabilität hänge vor allem mit der geistigen Entwicklung des Individuums zusammen.

Im Grunde benötigt dieser Prozess der Verbindung ca. 21 Jahre – das ist die Zeit, die das Ich des Menschen braucht, um den empfangenen und teilweise mitgestalteten und umgestalteten Körper soweit wie möglich zu seinem eigenen Instrument zu machen, auf dem er seine eigene Melodie spielen, sein Klangspektrum anlegen kann.

Wenn auf die Einladung (Befruchtung) eine Geistbefruchtung (Empfängnis) folgt, kann die Embryonalentwicklung beginnen. Der Geistkeim eines Individuums verbindet sich zunehmend mit den Gestaltungs- und Wachstumsprozessen des Embryos. Dies beinhaltet eine intensive aktive Tätigkeit und eine Auseinandersetzung mit den beiden Eltern. So wie sich dem Menschen am Ende seines Lebens wie in einem Panorama ein Rückblick auf sein Leben bietet, hat er, so Steiner, auch zu Beginn seines Lebens eine Art Vorschau auf das künftige Leben. Er sieht dabei allerdings nicht die Einzelheiten, sondern es bietet sich ihm ein Bild der Lebensmöglichkeiten. Diese Vorschau verschwindet ihm aber zunehmend wieder aus dem Gedächtnis.

»Die größte, bedeutsamste Arbeit, die überhaupt im Weltenall denkbar ist.«

Steiner sagte 1922 in einem Vortrag über diese Arbeit:

> »So sonderbar Ihnen das erscheinen mag: den physischen Menschenleib als geistigen Keim herauszuweben aus dem kosmischen All, das ist die größte, bedeutsamste Arbeit, die überhaupt im Weltenall denkbar ist. Und daran arbeitet nicht nur die menschliche Seele in dem charakterisierten Zustande, daran arbeitet diese menschliche Seele im Zusammenhange mit ganzen Scharen göttlich-geistiger Wesenheiten. Denn wenn Sie sich das Komplizierteste vorstellen, was hier auf Erden gebildet werden kann, so ist das ein Primitives und Einfaches gegen jenes gewaltige Gewebe von kosmischer Größe und Grandiosität, das da gewoben wird und das dann zusammengeschoben, in sich verdichtet wird durch die Empfängnis und durch die Geburt, was mit

physischer Erdenmaterie durchsetzt wird und physischer Menschenleib wird.«*

Der größte Teil dieser Arbeit wird noch vor der Empfängnis vollzogen: die Erarbeitung des Geistkeims des physischen Leibes. Mit der Empfängnis fängt dann ein Verdichtungs- und Substantialisierungsprozess an, der während der Schwangerschaft und auch noch nach der Geburt fortgesetzt wird, indem dieser Geistkeim mit »Erdenmaterie durchsetzt wird«.

Welche Folgen ergeben sich aus dieser Aussage für die Frage, was eine Fehlgeburt für ein Menschenkind bedeutet? Wenn man diese Worte Steiners ernst nimmt, muss man sagen, dass das Menschenkind die »größte, bedeutsamste Arbeit« vollzogen hat, dann aber diesen Weg nicht weiter verfolgen und vervollständigen konnte. Ist das vielleicht das Wichtigste gewesen, was es jetzt vermochte oder gar beabsichtigte? Und was passiert mit der zusammengezogenen, unverbrauchten Energie, mit diesem Potential?

Kann jemand sterben, der noch nicht geboren wurde?

Die Schwangerschaft ist die Zeit, in der das Menschenwesen zwar schon eine enge Verbindung zur Erde herstellt und intensiv an seinem physischen Körper baut, trotzdem ist er aber noch kein Erdenmensch. Der Mensch ist noch nicht geboren, seine Lungen, das eigentliche Erden-Organ, haben ihre Arbeit noch nicht begonnen. Anders gesagt: Er ist noch nicht in seinen Erdenkörper eingezogen, er hat das Licht der Erde noch nicht erblickt.

* R. Steiner, *Geistige Zusammenhänge in der Gestaltung des menschlichen Organismus*. (GA 218) Dornach ³1992, S. 115.

Während der Schwangerschaft bewohnt der künftige Erdenbürger vor allem die so genannten Hüllenorgane: die Plazenta, die Eihäute und die Nabelschnur. Die übersinnlichen Bereiche des Menschen, welche in der anthroposophischen Literatur Ätherleib, Astralleib und Ich genannt werden, leben jeweils in der Eihaut, der Nabelschnur und der Plazenta. Der eigentliche physische Körper wird von seiner Umgebung aus belebt, gestaltet und ernährt. So wird der Körper sorgfältig auf die Geburt, auf den Einzug seiner Geistigkeit vorbereitet. Die Geburt ist so gesehen ein enormer Einstülpungsvorgang, der sich physisch darin ausdrückt, dass die Lunge ihre Funktion aufnimmt und die erste Luft einatmet. Gleichzeitig aber stirbt das wunderbare Hüllenorgan, die Plazenta, und die übersinnlichen Glieder des Menschen ziehen in den neugeborenen Körper ein. Was vorher von der Umgebung her, von außen nach innen gearbeitet hat, wird jetzt verinnerlicht und darf anfangen, von innen nach außen zu wirken. Dieser Prozess der Verinnerlichung beginnt bei der Geburt und setzt sich eigentlich bis zum Erreichen des Erwachsenenalters fort.

Die für uns bedeutende Fragestellung lautet, was das Sterben für jemanden bedeutet, der noch nicht geboren ist. Kann man überhaupt von Sterben sprechen, wenn es um ein noch Ungeborenes geht? Wann beginnt die eigentliche Erdenbiografie eines Menschen?

Selbstverständlich hat die Verbindung des Geistwesens mit der körperlichen Substanz mit der Befruchtung oder kurz danach begonnen. Die Auseinandersetzung mit der Materie hat angefangen, eine Bestätigung der Verbindung mit den beiden auserwählten Eltern ebenso. Aber der Raum, in dem sich dies abspielt, wird von den eigenen Hüllenorganen gebildet. Diese nehmen diesen Raum in gewissem Sinne aus der Erdensphäre heraus. Der Embryo ist noch nicht der Erdenschwere ausgesetzt, sondern er wird von dem eigenen Fruchtwasser in einem schwerelosen Schwebezustand gehalten. Da die Umgebungsorgane (Plazenta und Eihäute) mindestens genauso zum Embryo gehören wie der Embryo im engeren Sinne, kann man sagen, dass der Embryo sich selbst ein eigenes Raumverhältnis bildet, welches es noch vor den Einflüssen der Erdenschwere schützt und diese aufhebt. In diesem Sinne ist er noch kein Erdenkörper, er hat noch kein Gewicht. Der Geist ist auch noch nicht eingezogen, sondern er wirkt von außen auf die Wachstums- und Reifungsvorgänge ein.

Kann ein solcher Körper sterben? Das Wesentliche dieses embryonalen Körpers befindet sich in der Umgebung, in den Hüllen. Deshalb verwundert es nicht, dass eine Störung in der Blutströmung durch Plazenta, Nabelschnur und Embryo Anlass oder Ursache für das Ende des Lebens sein können. Danach erst kommt es zu einer Störung und einem Stillstand des Herzens. Das Herz ist (noch) nicht das zentrale Organ, es reagiert auf die Strömungen, die aus der Umgebung kommen.

Auch in der fortgeschrittenen Schwangerschaft ist die Bewertung der Blutströmungsgeschwindigkeit z.b. der Nabelschnurgefäße (mittels Doppler-Sonografie zu messen) aussagekräftiger als die der Herzfrequenz (z.B. mittels CTG zu messen).

Das Sterben hat vor der Geburt eine ganz andere Qualität als ein Sterben danach. Wenn das Neugeborene das Licht der Welt erblickt und mit dem ersten Atemzug auf der Erde ankommt, ist dies ein weiterer Schritt der Inkarnation. Sterben nach der Geburt wird deshalb eine viel ausgeprägtere Veränderung des Seins-Zustandes bewirken als vor der Geburt.

Aus der Perspektive der geistigen Welt ist die Geburt eines Menschen wie ein Sterben. Manchmal ahnen Kinder so etwas noch, wie das Zitat eines dreijährigen Jungen belegt, das ich oben bereits erwähnt habe: »Papa, bist du schon mal gestorben? Ich schon, als ich geboren wurde.«

Während der Schwangerschaft findet eine zunehmende Verbindung zwischen Körper, Seele und Geist statt, die vornehmlich als Vorbereitung auf die Geburt dient. Wenn dieser Prozess durch innerliche oder äußerliche Gründe gestört wird, kann das dazu führen, dass das Kind mit seinen Hüllenorganen stirbt. Aber was ist unter diesen innerlichen oder äußerlichen Gründen zu verstehen?

Es ist vielleicht vorstellbar, dass das Menschenwesen selber nur eine kurze Begegnung mit seinen Eltern und nur eine zarte Berührung mit der Erde haben wollte, und sich dann wieder zurückzieht. Es kann auch sein, dass die oben beschriebene Vorschau auf die Lebensmöglichkeiten bei dem herankommenden Kind eine solche Verunsicherung verursacht hat, dass es zurückschreckt. Ebenso denkbar ist es, dass bestimmte Umstände bei der werdenden Mutter, die mit der Anatomie oder dem Funktionieren ihrer Organe, oder auch mit Schock-Ereignissen, Lebensstil oder Umwelteinflüssen zusammenhängen, es dem werdenden Menschenkind zu schwer machen, länger zu bleiben.

Es ist aber auch möglich, dass das Menschenkind zwar seinen Entschluss zu einem neuen Erdenleben gefasst und den Weg dorthin auch schon begonnen hat, dann aber trotz optimaler Umstände den eingeschlagen Weg nicht fortsetzt – ohne für uns ersichtliche Gründe. Es kann auch sein, dass die Umstände für dieses Kind derartig schwer waren, dass es sich nicht durchsetzen konnte, während ein anderes es vielleicht geschafft hätte. Immer sind zwei Seiten zu betrachten: die Kraft, mit der jemand seinen Weg gehen will, und die Umstände und Widerstände, mit denen er auf seinem Weg konfrontiert wird.

»Doch von schroffen Erdewegen – habt ihr keine Spur«

Wenn jemand sich auf den Weg macht, erneut ein Erdenleben anzutreten, bringt er eine Fülle an Intentionen und geistiger Kraft mit, die aber im Falle einer Fehlgeburt nie gebraucht werden. Was passiert mit dieser Energie und Liebeskraft?

In seinem Buch *In den Tod geboren** beschreibt der Frauenarzt Fritz H. Hemmerich eindrucksvoll, wie Goethe am Ende seiner Faust-Dichtung (*Faust II*, 5. Akt. *Bergschluchten*) die Bedeutung der Kinder, die ihren Erdenweg noch vor der Geburt beenden, von Pater Seraphicus aussprechen lässt. Pater Seraphicus spricht die Seelen dieser Kinder an und nennt sie »Mitternachts-Geborene«:

Knaben! Mitternachts-Geborne,
Halb erschlossen Geist und Sinn,
Für die Eltern gleich Verlorne,
Für die Engel zum Gewinn.
Dass ein Liebender zugegen,
Fühlt ihr wohl, so naht euch nur;
Doch von schroffen Erdewegen,
Glückliche! habt ihr keine Spur.
…
Steigt hinan zu höherm Kreise,
Wachset immer unvermerkt,
Wie, nach ewig reiner Weise,
Gottes Gegenwart verstärkt.
Denn das ist der Geister Nahrung,
Die im freisten Äther waltet:

---

* Hemmerich, Fritz H., *In den Tod geboren. Ein Weg für Eltern und Helfer bei Fehlgeburt, Abbruch, Totgeburt*. Westheim 2000.

Ewigen Liebens Offenbarung,
Die zur Seligkeit entfaltet.

Die seligen Knaben antworten:

Göttlich belehret,
Dürft ihr vertrauen;
Den ihr verehret,
werdet ihr schauen.

Dann zeigt sich Erstaunliches: Diese Seelen der vor der Geburt verstorbenen Kinder leisten den Engeln bei der Rettung von Fausts Seele Hilfe. Die Engel sprechen:

Gerettet ist das edle Glied
Der Geisterwelt vom Bösen,
Wer immer strebend sich bemüht,
Den können wir erlösen.
Und hat an ihm die Liebe gar
Von oben teilgenommen,
Begegnet ihm die selige Schar
Mit herzlichem Willkommen.

Es ist nicht leicht, sich vorzustellen, dass das leidvolle Geschehen einer Fehlgeburt (*Für die Eltern gleich Verlorne*) aus der Jenseits-Perspektive eine große Hilfe und Bereicherung sein kann (*Für die Engel zum Gewinn*). Andererseits ist es eine Herausforderung an die eigene Selbstlosigkeit, Trost darin zu finden, dass das selige Kind für die Engelwelt eine Hilfe sein wird, eine Hilfe bei der Rettung anderer Menschenseelen vor dem Bösen. Der Gedanke, dass die Schwangerschaft nicht zur Geburt eines eigenen Kindes geführt hat, dass es, anstatt sich auf die irdische Individualisierung einzulassen und sich weiter mit liebenden Menschen weltlich zu verbinden, seine fast unverbrauchte Liebeskraft der Engelwelt zur Verfügung stellt – dieser Gedanke fordert viel Selbstlosigkeit, kann aber auch Trost schenken. Die »größte, bedeutsamste Arbeit, die überhaupt im Weltenall denkbar ist« wird jetzt in den Dienst der Engelwelt gestellt.

Und was machen diese Engel mit der Hilfe der »seligen Schar«? Sie versuchen, den zu erlösen, der »immer strebend sich bemüht«, der sich bemüht, im geistigen Sinnen seinen Erdenweg zu gehen.

Es ist ein weltenverbindendes und eindrucksvolles Geschehen, wie irdisches Menschenschicksal aus kosmischen Engelshöhen unterstützt werden kann, dank der Hilfe der Mitternachts-Geborenen. Es ist, als stellten diese Ungeborenen eine unverzichtbare, seelenbegnadende Verbindung zwischen zwei Welten dar.

Aus der Perspektive des Kindes, das sich auf den Weg gemacht hat, hat diese Wendung auch Aspekte eines Opfers. Wer auf diese Weise den Weg der Kindesseele, die sich verabschiedet hat, begleitet, wirkt nicht nur heilend für die eigene Trauer, sondern kann auch den opfervollen Weg dieser Seele unterstützen.

Es ist vielleicht nachvollziehbar, dass eine solche Erfahrung für eine Menschenseele zwischen Tod und neuer Geburt eine weit reichende karmische Konsequenz hat.

Anhang

Embryologie

Und so hebe dich denn
aus den Nebeln des Grams
auf des Selbstvertrauens
mächtigen Fittichen
aufwärts,
bis du dir selber
mit all deinem Leide
klein wirst,
groß wirst
über dir selber
und all deinem Leide.

Christian Morgenstern

Keimzellen

Die Frage, wann das menschliche Leben beginnt, wurde schon angesprochen: Dann, wenn zwei Welten zusammenkommen. Die irdische, diesseitige Welt macht mit Hilfe der Keimzellen der werdenden Eltern ein Angebot. Wenn aus dem Jenseits dieses Angebot beantwortet wird und eine Menschenseele sich mit diesem Erdenkeim verbindet, kann man dies als Beginn des menschlichen Lebens bezeichnen. Das biologische Leben gab es schon vorher, die Keimzellen leben ja auch, und insofern ist dieses biologische

Leben ein durchgehender, unendlicher Strom. Es ist aber von dem menschlichen Leben zu unterscheiden. Das menschliche Leben hat einen Anfang und ein Ende. Ein neues menschliches Leben beginnt erst, wenn das Seelisch-Geistige des Menschen sich mit dem irdisch-körperlichen der biologischen Natur verbindet. Es hat auch ein Ende, wenn mit dem Tod das Seelisch-Geistige sich endgültig von dem Körper trennt und dieser Körper auch biologisch zu seinem Ende kommt. Möglicherweise wurde aber vorher für eine Fortsetzung dieses Lebens in Form von Nachkömmlingen gesorgt.

Was ist das Spezifische der menschlichen Keimzellen? Die Keimzellen (Eizellen oder Samenzellen) bilden eine Ausnahme im Körper von Frau oder Mann, denn sie stehen dem eigenen Leben und dem eigenen Organismus nicht zur Verfügung, sondern existieren ›nur‹ für die Weitergabe an das nächste Geschlecht. Die Keimzellen bleiben in dem Stadium der biologischen Entfaltung stehen, in dem der ganze Embryo war, bevor die Individualisierung begann. Sie sind von den Eltern als Teil des vererbten Körpers empfangen worden, werden aber nicht in das eigene neue Leben mit aufgenommen, sondern dienen nur der Fortsetzung der vererbbaren Lebensgrundlage und des biologischen Lebens. In jedem Menschen, ob Frau oder Mann, wird in dem Sinne etwas allgemein Menschliches (im Gegensatz zum Individuellen) aufbewahrt, das nicht für ihn bestimmt ist, das er nicht selber nutzen darf, sondern das er nur verwahren und im richtigen Moment wieder abgeben darf. In gewisser Weise ist dies mit einem Stafettenlauf zu vergleichen, bei dem die Flamme stets unverändert an einen neuen Läufer weitergegeben wird.

Alle ›normalen‹ Zellen stehen im Dienst des Individuums und werden spätestens mit ihm sterben. Keimzellen dienen diesem Individuum nicht, sondern den Nachkömmlingen, sie sterben nicht, sondern werden weiterleben. Sie sind im embryonalen Stadium zurückgehalten und haben deshalb ihre volle Vitalität behalten, so sind sie eigentlich nie geboren und werden eigentlich auch nicht sterben.

Typisch für Keimzellen ist außerdem, dass sie nur halb so viele Chromosomen haben wie sonstige Zellen. Normale Körperzellen besitzen zweimal 23 Chromosomen, das heißt, jedes Chromosom ist doppelt vorhanden. Die Ausnahme bilden die Geschlechtschromosomen beim Mann, nämlich XY, bei der Frau sind sie normal gepaart, XX. Bei einer einfachen Zellteilung (Mitose) wird jedes Chromosom verdoppelt, sodass die Tochterzellen wieder 46 Chromosomen haben. Bei der Keimzellteilung (Meiose) wird die Chromosomenzahl auf 23 reduziert, sodass die Chromosomen nicht mehr doppelt vorhanden sind. Während eines bestimmten Stadiums dieser Keimzellteilung kann ein so genanntes *crossingover* stattfinden, das heißt, die noch doppelten Chromosomen tauschen – scheinbar willkürlich – Teile des Chromosoms aus, bevor es zur Teilung in den eigentlichen Keimzellen kommt. Bei diesem Vorgang treten ›zufällige‹ Neukompositionen des genetischen Materials auf, die auf den Nachkömmling übergehen. Die genetische Zusammensetzung der jeweiligen Keimzellen ist deshalb nicht ganz vorhersagbar. Bei der normalen Zellteilung (Mitose) gibt es kein *crossing-over*, und damit ist die Genetik der Tochterzellen identisch mit der der Mutterzellen und deshalb vorhersagbar. So bleibt die Struktur eines Körpers einheitlich. Bei der Zellteilung der Keimzellen ist dies nicht nötig; hier ist anscheinend ein Spielraum gegeben, oder anders gesagt: Ein bisschen Chaos scheint erforderlich für die Fruchtbarkeit.

Zwei Geschlechter

Es gibt aber noch etwas Besonderes an diesen Zellen. Jede für sich ist zu nichts imstande. Es gibt keinen größeren Gegensatz als zwischen

Eizelle und Samenzelle. Nirgendwo sind Frau und Mann verschiedener als in ihren Keimzellen. Die Eizelle ist die größte Zelle, die es gibt, die Samenzellen sind die kleinsten. Die Eizelle ist unbeweglich, liegt groß und rund da, einsam und abwartend. Die Samenzellen bemühen sich in großen Mengen, mit ihren Schwänzchen schnell vorwärts zu kommen. Die Eizelle, nur eine pro Monat, überlebt ca. drei bis sechs Stunden; die Samenzellen, zig Millionen pro Tag, haben die Ausdauer, drei bis sechs Tage zu warten, bis vielleicht doch noch eine Eizelle befruchtet werden kann.

Die Eizelle kann als Bild für das ewig Kosmische gesehen werden, sie ist das Runde, Allumfassende, Unbewegliche. Die Samenzelle steht dagegen für das Irdische, das Verdichtete, zum Gliedmaß Ausgestreckte, millionenfach Vorhandene. Beide Prinzipien haben ihre ins Extreme ausgearbeitete Einseitigkeit. Aber sie sind dazu verurteilt, in dieser Einseitigkeit zu verharren, sie können nicht in einen Prozess oder eine Entwicklung aufgenommen werden – solange sie sich nicht gegenseitig aus ihren ›Verbannungen‹ befreien. Einsam gefangen in der Einseitigkeit, nicht zugänglich für Veränderung, Entwicklung, Metamorphose, warten sie auf die Erlösung durch den anderen Pol. Da dämmern schon die Märchenbilder, wie Dornröschen, das aus seinem Schlaf geküsst werden muss. Zeitlos lang,»hundert Jahre«, schlief sie, ohne eine Entwicklung durchzumachen, und wartete ... Viele versuchten, sie zu befreien, aber nur Einem ist es gelungen, den stacheligen Weg zu gehen und sie wieder aus ihrer Einseitigkeit in den Strom der Zeit zurückzuholen.

Die Befruchtung von Eizelle und Samenzelle ist gleichzeitig die Überbrückung und die Aufhebung dieser großen Polarität – und damit die Voraussetzung einer neuen Entwicklung. Das, was beide mitbringen, wird jetzt aus dem Statischen, Unberührten, Zeitlosen herausgeholt und in die Entwicklung hineingestellt. Aus den beiden Bereichen, die nicht individualisiert waren, in denen das allgemein Menschliche bewahrt wurde, kommen jetzt zwei zusammen, die in ihrer Vereinigung eine neue Individualisierung ermöglichen, eine neue Entwicklung zur Einzigartigkeit.

Gezeugt oder geklont?

An dem modernen Verfahren des Klonens bei Tieren und vielleicht auch demnächst bei Menschen lassen sich viele Besonderheiten der geschlechtlichen Fortpflanzung deutlich machen.

Viele Blütenpflanzen kennen sowohl die geschlechtliche (generative) wie auch die ungeschlechtliche (vegetative) Fortpflanzung. Die geschlechtliche Fortpflanzung geschieht über die Blüte: Der Blütenstaub des Staubblatts wird von Insekten oder vom Wind auf den Stempel und so zum Fruchtanfang gebracht, wo sich die Früchte oder die nackten Samen entwickeln. Mit der Blütenbildung entsteht die Entwicklung des polaren Gegensatzes zwischen Staubblatt und Stempel, zwischen dem Männlichen und dem Weiblichen. Die Befruchtung beinhaltet die Überbrückung dieses Gegensatzes, der Bereich der Pflanze muss für einen Moment verlassen werden, es muss ein kleiner Sprung durch die Luft gemacht werden.

Viele Blütenpflanzen kennen aber auch die vegetative Fortpflanzung, zum Beispiel über Wurzelstockausläufer oder Ableger. Manche Pflanzen, zum Beispiel die Erdbeere und Brennnessel, bevorzugen sogar diese Art der Fortpflanzung. Das Prinzip hierbei ist, dass sich ein Teil der wachsenden Körpersubstanz von dem Ursprungsorganismus ablöst und ein Eigenleben beginnt. Dies ist eigentlich kaum als Fortpflanzung zu bezeichnen, eher ist es eine Vermehrung und eine Teilung.

Warum bleibt es in der Evolution nicht bei dieser einfacheren vegetativen Fortpflanzung? Was könnte der Vorteil oder der Sinn der viel komplizierteren und umständlicheren geschlechtlichen Fortpflanzung sein? Rudolf Steiner sagte schon 1908 dazu:

»Würde das bloß Weibliche wirken, so würde die Individualität der Menschen ausgelöscht werden, die Menschen würden alle gleich werden. Durch das Dazuwirken des Männlichen werden die Menschen von der Geburt an als individuelle Charaktere geboren ... Das ist der Sinn des Zusammenwirkens der beiden Geschlechter. Individualisierung geschieht durch die Einwirkung des männlichen Geschlechts auf das weibliche.«*

Das Prinzip des Klonens ist vergleichbar mit der vegetativen Fortpflanzung, wie beim Ableger. Der lange umständliche Weg von Geschlechtertrennung, Keimzellbildung, Überwindung von Gegensätzen sowie die Unvorhersagbarkeit und Unplanbarkeit des genetischen Ergebnisses wird abgekürzt. Stattdessen wird das Bestehende direkt als Fortsetzung vermehrt.

Beim Klonen wird aus einer ausgewachsenen und damit individualisierten Körperzelle der Zellkern entnommen und in den zuvor entkernten Zellleib einer Eizelle versetzt. Mit elektrischen Reizen wird die nun diploide, d.h. mit 2 x 23 Chromosomen ausgestattete Eizelle zur Teilung angeregt, wie sie es nach einer ›normalen‹ Befruchtung tut.

Bei der geschlechtlichen, menschlichen Fortpflanzung gibt es sowohl bei der Meiose-Teilung wie auch beim Zusammenkommen der beiden Keimzellen Unberechenbarkeiten, die dafür sorgen, dass die genetische Struktur eines Nachkömmlings weder planbar noch vorhersagbar ist. Es ist, als kämen die festgelegten genetischen Strukturen für einen kurzen Moment in Bewegung, als entstehe ein wenig Chaos. Die geschlechtliche Fortpflanzung lässt auf dieser Ebene eine gewisse Offenheit zu, etwas wie einen

* R. Steiner, *Geisteswissenschaftliche Menschenkunde* (GA 107), Dornach ⁴1979, S. 138f.

Gestaltungsfreiraum für den neuen Menschen. Nur so ist es möglich, dass auch genetisch jeder Mensch einmalig ist. Beim geklonten Nachkömmling ist das anders. Seine genetische Struktur ist die direkte Fortsetzung seines Ursprungsorganismus – oder kann man *Vorfahr* sagen? Er ist planbar, vorhersagbar und nicht einmalig. Er hatte keinen Gestaltungsfreiraum bei der Konzeption.

Wenn man über das Klonen nachdenkt, muss man sich deshalb mehrere Fragen stellen: Macht es etwas aus, wenn ein Kind aus ›zurückgehaltenen‹ Keimzellen oder aus einer individualisierten Körperzelle hervorgeht? Hat es eine Bedeutung, dass seine genetische Struktur vorhersagbar identisch mit seinem Spender ist? Macht es einen Unterschied, ob es seinen Ursprung in der sexuellen Verbindung einer geschlechtlichen Zweiheit hat (mit dem Ur-Sprung wird dieser Gegensatz überwunden), oder ob er eine geplante Fortsetzung einer Einheit ist?

Wenn mit dem Klonen eines Menschen nicht die übliche Voraussetzung zur Individualisierung gegeben ist, wäre es dann überhaupt möglich, einen Menschen zu klonen, und wenn ja, was würde das für die Entwicklung eines solchen Menschen bedeuten?

Rudolf Steiner wies bereits am Anfang des 20. Jahrhunderts auf das Phänomen des Chaos im Zusammenhang mit der Befruchtung hin:

»Das ist der Sinn der Befruchtung, dass der Keim zum Chaos wird. Erst dann wirkt der ganze Kosmos von seiner Umgebung auf diesen Keim ein, und dann wird der Mensch wirklich aus dem Kosmos heraus gebildet, sodass einziehen kann in ihn das wirklich Geistig-Seelische, das aus vergangenen Erdenleben kommt.«*

* R. Steiner, *Esoterische Betrachtungen karmischer Zusammenhänge, 5. Band* (GA 239), Dornach ³1985, S. 14.

Die ersten Tage

Wenn nun viele Samenzellen mit einer Eizelle zusammenkommen, geschieht etwas, was es sonst im Organismus nie gibt: Überall sehen wir, dass aus einer Zelle zwei werden, dann vier, acht und so weiter. Bei der Befruchtung geschieht die große Ausnahme, dass aus zwei Zellen eine werden, und dabei sind diese zwei Zellen sich so grundverschieden fremd! Sie haben eigentlich nichts miteinander zu tun, und doch werden sie eine neue Einheit. Damit haben sie sich gegenseitig aus ihrer Einseitigkeit befreit, es ist eine neue, absolut einmalige Körperzelle mit nun wieder 2 x 23 Chromosomen entstanden. In ihrer Entstehung wurde die feste genetische Struktur etwas chaotisch aufgelockert, sodass das neue Menschenkind sich plastisch an seiner neuen Grundlage beteiligen konnte.

Diese befruchtete Eizelle beginnt sich nach ca. eineinhalb Tagen zu teilen. Sie wird zweizellig, vierzellig, achtzellig etc., ohne jedoch in der Gesamtgröße zuzunehmen. Sechzehnzellig ist sie so groß wie die Eizelle allein war, was bedeutet, dass die einzelnen Zellen immer kleiner werden. Während dieser Zeit wird sie langsam von den rhythmischen Bewegungen im Eileiter in Richtung Gebärmutter fortbewegt. Für diesen Weg von ca. 10 Zentimetern braucht sie etwa 6 Tage. Eine direkte Verbindung zwischen der befruchteten Eizelle und dem mütterlichen Körper besteht in dieser Zeit noch nicht. Die Nahrung für die Tätigkeit der Teilung stammt aus der Eizelle. Die Samenzelle hat keine Reserven als Proviant für diese Reise mitgebracht, sie verlässt sich dafür auf die Eizelle.

Bis zum dritten Tag sind alle so entstandenen Zellen gleich, es gibt noch keine Differenzierung der Zellen. In dieser Phase kann es deshalb noch zu der Entstehung eineiiger Zwillinge kommen. Die Zellen sind *totipotent*, es kann noch alles daraus werden. Werden im Vierzellstadium alle vier Zellen einzeln voneinander getrennt, kann aus jeder Zelle wieder ein ganzer Organismus wachsen.

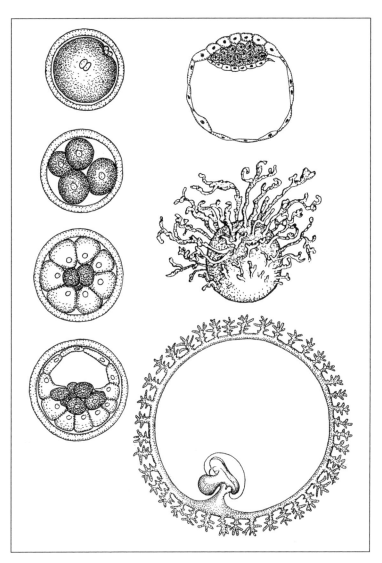

Die menschliche Keimesentwicklung.
Links: die ersten vier Tage; rechts: nach ca. 1, 2 und 3 Wochen.
Aus: Wolfgang Schad, *Die verlorene Hälfte des Menschen.* Stuttgart 2005, S. 49.

Aber schon bald kommen die erste Differenzierungen zwischen den mehr nach innen gelegenen Zellen und der äußeren Schicht. Damit wird ein neues Element hinzugefügt, nämlich die Entstehung einer Höhle in der Mitte dieses Zellhäufchens. Diese Höhle (Chorion-Höhle) ist mit Flüssigkeit gefüllt, und die Zellen der äußeren Schicht (Trophoblasten) bilden ihre Umhüllung. Diese Trophoblasten teilen sich nun viel schneller als die mehr innen gelegenen, so genannten Embryoblastzellen. Dies ist der Zeitpunkt, zu dem die Verbindung mit dem mütterlichen Organismus gesucht wird, die Einnistung findet statt. Die Blastozyste (so nennt sich dieses frühe embryonale Stadium) nistet sich aktiv in die schon gut vorbereitete Gebärmutterschleimhaut ein, bis sie ganz von ihr umgeben ist.

Zu diesem Zeitpunkt weiß noch niemand etwas von der Schwangerschaft, es sei denn durch Ahnung, da die Regelblutung noch nicht ausgeblieben ist. Es ist erst der 22. bis 24. Tag nach der letzten Blutung. Eine Schwangerschaft ist in dieser Phase weder mit einem Schwangerschaftstest noch mit Ultraschall nachzuweisen.

Wenn die Einnistung nicht geregelt verläuft, kann die Entwicklung nicht weitergehen. Es wird dann zum normalen Zeitpunkt eine Monatsblutung stattfinden, welche gleichbedeutend mit einer sehr frühen und meist nicht bemerkten Fehlgeburt ist.

Innenraumbildung

Wenn sich die Einnistung erfolgreich vollzieht, entwickelt sich in den nun folgenden Tagen aus der äußeren Schicht der Trophoblasten ein feines Gewebe, aus der später der Mutterkuchen wird. Gleichzeitig vergrößert sich die Chorion-Höhle, und im Bereich der Anhäufung der Embryoblastzellen entsteht erst eine zweite und bald auch eine dritte Höhle.

Es ist bemerkenswert, dass innerhalb der ersten beiden Wochen der Embryonalentwicklung die meiste Aktivität der Bildung der Hüllen gewidmet wird. Von einer Embryonalanlage ist höchstens eine kleine Anhäufung sich flach ausdehnender Zellen erkennbar, aber die Vorbereitungen der Bildung des Mutterkuchens sowie die Bildung der Hüllen und Höhlen sind schon in vollem Gang. Der Embryo im weiteren Sinne bildet also zuerst seine eigene Umgebung und sein eigenes Ernährungsorgan. Er verlässt sich nicht auf seine Gastgeberin, sondern bildet in der von ihr zur Verfügung gestellten Umgebung (Gebärmutter mit Schleimhaut) seinen eigenen kosmisch-runden Schutzraum, seine eigene Welt. Erst wenn er sich darin sicher fühlt, ›traut er sich‹, die nächsten Entwicklungsschritte zu gehen.

Etwas losgelöst von der Wand, durch einen Haftstiel noch verbunden, bilden sich die schon genannten beiden nächsten Höhlen, die man sich vorstellen kann, wie zwei ungleich große Luftballons, die ein wenig gegeneinander gedrückt werden, sodass eine runde Fläche entsteht, die aus zwei Schichten aufgebaut ist. Der kleinere ›Ballon‹ ist die Amnionhöhle, der größere der Dottersack. Das Gewebe der Scheibe der Berührungsfläche ist deutlich dicker als der Rest der Ballon-Wand. Zuerst ist sie noch rund, dann nimmt sie eine ovale Form an. Im nächsten Schritt kommt Bewegung zwischen die beiden Schichten, es bewegen sich Zellen von der zur Amnionhöhle liegenden Schicht in den Zwischenraum, sodass bald von drei Schichten, drei Keimblättern gesprochen werden kann. Dieses Gebilde der drei Keimblätter ist die eigentliche Embryo-Anlage. Bis hierhin ist diese nur in der Fläche, im Zweidimensionalen ausgedehnt.

In Laufe der dritten Woche nach der Befruchtung tritt die dritte Dimension in Erscheinung. Ein sehr dynamisches und kompliziertes Zusammenspiel von Krümmungen und Einstülpungen findet statt. Es ist, als greife plötzlich ein neues Gestaltungselement ein und übernehme die Regie. Was bislang Umgebung war, wird nun nach innen genommen, eingestülpt, zum Innenraum gemacht. Dies geschieht mit beiden Schichten der Keimscheibe, wobei aus dem Amnion sowie aus dem Dottersack ein Stück Außenwelt ›umarmt‹, einverleibt wird. Dies bedeutet, dass die Flächenbildung aufgegeben und die Vorläufer der inneren Organe geschaffen wurde, indem Außenwelt nach innen genommen wurde. Dieser Dimensionen-Sprung ist von großer Wichtigkeit.

Aus dem zur Amnionhöhle gehörenden Keimblatt, Ektoderm genannt, entstehen später unter anderem die Haut sowie die Organe des Nervensystems. Das Keimblatt zum Dottersack hin, das Entoderm, bildet später den Magendarmtrakt und die wichtigsten Stoffwechselorgane. Die Tätigkeit, aus der Umgebung etwas nach innen aufzunehmen, ist sowohl die Aufgabe des späteren Nervensystems mit den Sinnesorganen (es werden Eindrücke und Wahrnehmungen von außen aufgenommen, um in der eigenen Innenwelt, im Innenleben zu erscheinen), wie auch die der späteren Stoffwechselorgane, die Nahrungsmittel aus der Umgebung aufnehmen und verarbeiten. Die embryologische Geste der Einstülpung und Innenweltbildung ist somit eine Vorbereitung auf die spätere Organtätigkeit. Die embryonale Bewegung macht räumlich vor, was die Organe später funktionell nachmachen.

Gleichzeitig mit dieser Einstülpung von Ektoderm und Entoderm wächst die Amnionhöhle und umhüllt die ganze Embryoanlage, sodass dadurch wiederum ein Innenraum entsteht und das Ektoderm, die spätere Haut, den Embryo umschließt. Mit anderen Worten: Durch Entstehung dieser Vorläufer der Sinnesorgane wird die Außenwelt (Amnionhöhle) in gewisser Weise größer. Auch das ist eine Vor-Andeutung der Wirkung der Sinne: Je mehr von der Außenwelt wahrgenommen wird, desto größer wird sie. Anders ist es mit dem zuerst größeren Dottersack, der von der Einstülpungsbewegung des Entoderms fast vollständig verschlungen wird, nur ein kleiner gestielter Dottersack bleibt bestehen.

Das mittlere, beweglichere Keimblatt, das Mesoderm, bildet u.a. die Vorläufer der Bewegungsorgane wie Muskeln, Knochen und Knorpel, aber auch das Herz, die Blutgefäße und das Blut.

Die Reihenfolge bei der Entstehung von Blut, Herz und Gefäßen ist sehr aufschlussreich: Zuerst finden sich viele kleine so genannte Blutinselchen, die sich hauptsächlich außerhalb der eigentlichen Embryoanlage, nämlich in der Wand des Dottersacks, in dem Haftstiel und in der noch ringsherum liegenden Plazenta-Anlage (Chorionzotten), auftun. Gleichzeitig bildet sich die erste Herzanlage, aber auch diese befindet sich noch außerhalb, und zwar oberhalb dessen, was später der Kopf wird. Innerhalb von ca. 8–10 Tagen bewegt sich diese Herzanlage mit einem Krümmungsvorgang zu dem Ort, wo wir das Herz normalerweise kennen. Gleichzeitig verbinden die Blutinselchen sich miteinander und das Blut beginnt zu strömen, noch bevor das Herz schlägt und bevor es überhaupt Blutgefäße gibt. Diese Letzteren werden vom Blut selber gebildet, sodass Adern, Schlagadern und ein Kapillargefäßnetz entstehen. Ende der vierten Woche – d. i. zwei Wochen nach Ausbleiben der Menstruation und wird üblicherweise die sechste Schwangerschaftswoche genannt, da seit dem ersten Tag der letzten Blutung sechs Wochen vergangen sind – ist dann eine pulsierende Bewegung des Herzens wahrnehmbar und das Blut fließt in einem fein differenzierten Gefäßnetz von der Peripherie des Chorion (Mutterkuchen) zum Herzen, dann durch den werdenden Körper und wieder zurück zur Plazenta.

Dieses mittlere Organsystem lebt in seiner Entstehung sowie in seiner Funktion die Qualitäten des menschliche Gefühlsleben vor: *Trennen, Verbinden, Ausgleichen.*

Das obere Organsystem mit dem Nervensinnesbereich bildet in seiner Entstehung (Einstülpung, aber auch die gesamte Abrundung und Umhüllung des Organismus) sowie seiner Funktion die Qualitäten des menschlichen Denkens und Vorstellens ab:

Wahrnehmung, Unterscheidung, sich ein inneres Bild der äußeren Welt machen.

Das untere Organsystem mit den Stoffwechselorganen macht in seiner Entstehung (die Umgebung, der Dottersack, geht fast vollständig in der Einstülpung auf) und Funktion (eine direkte stoffliche Verbindung mit und Verarbeitung von der Umwelt) vor, was die *Willenstätigkeit* des Menschen später tut.

So wird aus der zweidimensionalen Keimscheibe innerhalb von ca. 3 Wochen ein differenzierter Organismus mit drei qualitativ unterschiedlichen Innenraumbildungen, die die Voraussetzung sowohl für die weitere Entwicklung der drei Organsysteme – Nerven-Sinnes-System, rhythmisches System und Stoffwechselsystem – wie auch für die drei Seelentätigkeiten, Denken, Fühlen und Wollen, ermöglicht.

In den darauf folgenden Wochen ist eine zunehmende Differenzierung zu beobachten. Sowohl die äußeren Gliedmaßen wie auch sämtliche inneren Organe bilden sich, und 70 Tage nach der Befruchtung ist im Wesentlichen die Gestaltung des kleinen Körpers abgeschlossen. Dies entspricht 12 Wochen nach der letzten Monatsblutung. Das ist auch der Zeitraum, in dem die frühen Fehlgeburten stattfinden können. Danach muss der Körper im Schutz des Mutterleibes weiter wachsen und reifen, bis er bei der Geburt so weit ist, dass er seine eigenen Hüllen nicht mehr braucht, seine Organe benutzen will und die Seelenkräfte in den Körper einziehen wollen.

Vorgeburtliche Diagnostik, ihre Praxis, sowie gesellschaftliche und ethische Rahmenbedingungen

> Und des Kindes Seele,
> Sie sei mir gegeben
> Nach Eurem Willen
> Aus den geistigen Welten.
>
> *Rudolf Steiner*

Diagnostik

Heute werden zusätzlich zur gängigen Vorsorge weitere Untersuchungen angeboten, die schon in der Frühschwangerschaft abklären sollen, ob das Kind gesund ist. Sollte das nicht der Fall sein, wird den werdenden Eltern die Möglichkeit gegeben, die Schwangerschaft abzubrechen, das heißt, eine Abtreibung vorzunehmen. Gesellschaftlich ist diese Art der ›Selektion‹ inzwischen akzeptiert. Wenn Eltern von dieser Möglichkeit nicht Gebrauch machen und sich zum Beispiel für ein Kind mit Down-Syndrom entscheiden, wird nicht selten gedacht oder ausgesprochen: »Das hätte man doch heutzutage verhindern können!«

Dahinter steht die weit verbreitete Ansicht, dass ein Kind mit einer Behinderung zu sehr leiden und ein schweres, sinnloses Leben führen müsse. Außerdem – so wird immer wieder formuliert – stellen diese Kinder eine emotionale, soziale und wirtschaftliche Belastung für die Familie und auch für die Gesellschaft dar.

In einem solchen gesellschaftlichen Klima ist es nicht verwunderlich, dass viele schwangere Frauen unter einem großen Druck stehen. Sie erleben, dass die modernen pränataldiagnostischen Verfahren nicht nur als Möglichkeit angeboten werden, sondern zunehmend als Selbstverständlichkeit gelten. Dabei wird der Druck entweder direkt von Verwandten, Bekannten, aber auch von Partnern und Ärzten ausgeübt. Es existiert zudem ein indirekter, unpersönlicher Druck, da wir in einem gesellschaftlichen Klima leben, in dem wenig Lebensraum für Familien mit einem behinderten Kind besteht. Ist ein Schwangerschaftsverlauf, in dem aufgrund eines ungünstigen Befundes eine Abtreibung empfohlen und durchgeführt wurde, nicht auch eine Form der Fehlgeburt? Eine Fehlgeburt, die durch menschliche Intervention zustande kam? Und die vielleicht sogar hätte verhindert werden können, wenn die Aufklärung sorgfältiger und der Druck von außen kleiner gewesen wäre?

Guter Hoffnung?

Jede Frau muss sich fragen, ob sie wirklich eine solche erweiterte Diagnostik in Anspruch nehmen will. Oder kann sie der Situation ganz bewusst ›nicht-wissend‹ begegnen? Früher hieß schwanger sein, »in guter Hoffnung« zu sein. Von dieser hoffnungsvollen Einstellung ist viel verloren gegangen. Vertrauen und Zuversicht in eine Schwangerschaft werden immer seltener. Je mehr Untersuchungen technisch möglich werden, desto intensiver werden sie auch angeboten. Und desto drängender werden die Fragen, die sich jede schwangere Frau vor der erweiterten Diagnostik stellen muss:

- Gibt es lebenswertes und lebens*un*wertes menschliches Leben?
- Wer soll darüber entscheiden?
- Wann beginnt das menschliche Leben?
- Könnte ein Leben mit Behinderung sogar einen besonderen Sinn haben?
- Was ist eigentlich eine Behinderung?

Aber natürlich auch Fragen wie:

- Wie hoch ist das Risiko einer Fehldiagnose?
- Wie kann man eine Abtreibung im vierten Monat wegen einer Behinderung überhaupt verarbeiten?
- Woher kommt heute der Druck, dass das Leben perfekt sein muss?
- Warum haben wir so wenig Platz für Menschen, die anders sind, die mehr Zuwendung und Betreuung brauchen, die besondere Bedürfnisse haben?

In einer Welt, in der fast alles machbar erscheint, wird es immer schwieriger, sich auf Situationen einzulassen, die man sich vielleicht anders vorgestellt hatte und die alle Lebenspläne über den Haufen werfen. Krankheit und Leid erinnern den Menschen an seine Verletzbarkeit und Unvollkommenheit, aber manchmal auch an seine geistige Lebensdimension. Jede Schwangerschaft birgt ein gewisses Risiko in sich, das sich trotz aller technischen Entwicklungen nicht kontrollieren lässt.

Was beinhaltet Pränataldiagnostik?

Unter Pränataldiagnostik versteht man die vorgeburtliche Diagnostik eines ungeborenen Kindes im Mutterleib, die über die übliche Kontrolle des Wachstums und der Vitalität im Rahmen der Schwangerenvorsorge hinausgeht. Im Gegensatz zu anderen diagnostischen Verfahren, die in der Regel eine Therapie nach sich ziehen, hat eine pränatal gestellte Diagnose meistens keine therapeutischen Konsequenzen. Nur in Ausnahmefällen – und zurzeit meist noch experimentell – kann eine pränatale Therapie durchgeführt werden. Ansonsten kann anhand der Diagnostik der optimale Geburtsort, zum Beispiel eine Klinik mit spezialisierter Kinderklinik, bestimmt werden. Angesichts fehlender Therapiemöglichkeiten wird die Pränataldiagnostik in der Regel also gewünscht und/oder angeboten, um gegebenenfalls eine selektive Abtreibung durchzuführen.

Die gängigsten Methoden der Pränataldiagnostik sind die Ultraschall-Untersuchung, die Fruchtwasserpunktion (Amniozentese) und die so genannte Erst-Trimester-Diagnostik (Kombination der Nackentransparenzmessung mit Ultraschall und mütterlicher Labordiagnostik). Frauen ab 35 Jahren müssen von ihrem Arzt oder von ihrer Ärztin im Rahmen der Schwangerenvorsorge auf die Pränataldiagnostik, deren Kosten die Krankenkasse übernimmt, hingewiesen werden. Da aber insbesondere die Erst-Trimester-Diagnostik heute fast routinemäßig als Selbstzahlerleistung angeboten oder empfohlen wird, gilt es inzwischen als unterlassene Aufklärung, wenn der Arzt nicht auf diese diagnostische Möglichkeit hinweist – auch bei Frauen unter 35 Jahren.

Gesetzliche Regelung

Der gesetzliche Rahmen für eine Abtreibung nach vorgeburtlicher Diagnostik wurde 1995 im § 218a Abs.2 StGB neu geregelt. Seitdem wird zwischen der Fristenlösung (Abtreibung nach Pflichtberatung bis zur 12. Schwangerschaftswoche zulässig, die Kosten müssen selber getragen werden) und der medizinischen

Indikation (keine Pflichtberatung und keine gesetzliche Frist, bis wann der Abbruch durchgeführt werden muss, die Kosten trägt die Krankenversicherung) unterschieden.

Die medizinische Indikation gilt, »wenn der Abbruch der Schwangerschaft unter Berücksichtigung der gegenwärtigen und zukünftigen Lebensverhältnisse der Schwangeren nach ärztlicher Erkenntnis angezeigt ist, um eine Gefahr für das Leben oder die Gefahr einer schwerwiegenden Beeinträchtigung des körperlichen oder seelischen Gesundheitszustandes der Schwangeren abzuwenden, und die Gefahr nicht auf andere für sie zumutbare Weise abgewendet werden kann.« (Zitat § 218a)

Wenn für eine schwangere Frau das Austragen ihrer Schwangerschaft und das Leben mit einem behinderten Kind eine schwerwiegende Bedrohung ihres seelischen Gesundheitszustandes bedeutet, ist damit die medizinische Indikation gegeben.

Zwar gelten im Rahmen der Pränataldiagnostik allgemeine Standards für die Beratung, doch zeigt die Praxis, dass diese Standards im Alltag der Pränataldiagnostik oft nur unzureichend eingehalten werden können. Eine eingehende ethische oder psychosoziale Beratung findet sicher nicht immer statt.

Verschiedene Dimensionen bei der Entscheidung

So müssen die werdenden Eltern oft ohne ausreichende Beratungen dazu Stellung nehmen, ob sie die angebotenen Untersuchungsmethoden in Anspruch nehmen möchten oder nicht. Mit der entscheidenden Frage wird die schwangere Frau allein gelassen: Ist es berechtigt und ethisch vertretbar, ein ungeborenes Kind, das aufgrund einer Fehlbildung oder einer chromosomalen Abweichung mit großer Wahrscheinlichkeit eine körperliche und vielleicht auch eine psychische Behinderung haben wird, zu töten? Anders formuliert: Habe ich das Recht, darüber zu entscheiden, welches Menschenleben ›lebenswert‹ ist und welches nicht? Unabhängig davon, ob das Kind vielleicht nur drei Tage, drei Monate oder auch 30 Jahre lang leben wird?

Diese Frage führt zu einer zentralen Menschheitsfrage: Ist der Mensch nur ein biologisch höher entwickeltes Lebewesen? Oder hat er eine Seele und einen Geist und unterscheidet sich deshalb von der Tierwelt? Wenn ein offensichtlich krankes oder missgebildetes neugeborenes Tier dank tierärztlicher Hilfe von seinem Leid befreit wird, erleben wir das meist mitfühlend als berechtigte Erlösung. Aber wie ist das beim Menschen? Ist es für alle Beteiligten das Beste, das Leben eines behinderten Menschen möglichst frühzeitig zu beenden? Oder erscheinen dadurch, dass der Mensch einen geistigen Wesenskern hat, Leben, Leid und Sterben in einer anderen Dimension?

Eines kann festgehalten werden: Diejenigen, für die ein Menschenleben ein rein biologisches Geschehen ist, werden Abtreibungen und vorgeburtliche Selektion (aber auch Sterbehilfe) anders bewerten als diejenigen, die dem Menschen eine einmalige und zu respektierende geistige Identität zusprechen.

Wer das menschliche Leben primär als biologischen Vorgang zwischen Geburt und Tod betrachtet, wird nicht viel gegen vorgeburtliche Diagnostik und Schwangerschaftsabbruch einzuwenden haben. Wer den Menschen aber als geistiges Wesen ansieht, erlebt oder erkennt, dessen Leben nicht auf die physische Lebenszeit beschränkt ist, der wird auch vor einer Individualität, die ihren Lebensweg mit einer Behinderung auf sich nimmt, eine besondere Ehrfurcht haben.

Bei einem solchen Menschenverständnis, wie es in der Anthroposophie ausgearbeitet ist, ist es sogar vorstellbar, dass ein ungeborenes Menschenwesen sich aus bestimmten Gründen für ein sehr kurzes Leben, aber auch für ein Leben mit einer Behinderung entscheidet. So wie wir Krankheiten und Krisen als Chancen und Herausforderungen erleben können, so kann man auch vor dem Schicksal und dem Lebensweg eines ungeborenes Kindes, das mit einer Behinderung zur Welt kommt, Respekt haben – auch wenn uns die tieferen Beweggründe oder Motive für das Wie und Warum dieses Weges verborgen bleiben.

Das eigene Gewissen, an der ›Fehlgeburt‹ im Sinne einer Abtreibung nach vorgeburtlicher Diagnostik beigetragen zu haben, lastet bei vielen sehr schwer. Dieses, vermischt mit der Trauer und der Leere, kann dem Abschiedsprozess eine zusätzliche Schwere geben. All dies sollte bei der Urteilsbildung über die Frage, ob und mit welchen Konsequenzen eine vorgeburtliche Diagnostik gewollt wird, intensiv berücksichtigt werden, da sonst Situationen eintreten können, mit denen nicht gerechnet wurde und mit denen der Umgang alles andere als leicht ist.

Über künstliche Befruchtung und die Frage der Epigenetik

Befruchtung

»Wenn es möglich gewesen wäre, dass sich die Menschheit ohne die zwei Geschlechter hätte fortpflanzen können, dann würde sie nicht in die Individualisierung eingetreten sein. Dem Zusammenwirken der Geschlechter ist es zu verdanken, dass die heutige Art der Verschiedenheit der Menschen eingetreten ist.«*

Warum ist die geschlechtliche Fortpflanzung (im Gegensatz zu der vegetativen Fortpflanzung, die bei vielen Pflanzen und im gewissen Sinne auch beim Klonen vorliegt) eine so bedeutende Voraussetzung für die Individualisierung? Eine Antwort kann darin liegen, dass die festgelegte Weitergabe genetischer Strukturen, die normalerweise bei der Teilung der Körperzellen gegeben ist, bei der Befruchtung von Eizelle und Samenzelle nicht vorliegt. Das genetische Ergebnis des neuen Keimes ist unvorhersagbar. Es eröffnet sich ein gewisser Spielraum für eine neue individuelle Gestaltung auf genetischer Ebene. Es kommt vorübergehend ein Stückchen Chaos ins Spiel.

* R. Steiner, *Geisteswissenschaftliche Menschenkunde* (GA 107), Dornach ⁴1979, S. 138.

»Gerade das ist der Sinn der Befruchtung, dass sie den Keim zum Chaos treibt, sodass im mütterlichen Organismus eine vollständig zerklüftete Materie besteht.«*

Ist dieses Chaos auf genetischer Ebene zu finden? Und was hat es mit der In-vitro-Fertilisation zu tun?

Ich komme noch einmal auf den Gegensatz auf der Zell-Ebene zwischen Eizelle und Samenzelle zurück: Die Eizelle ist die größte Zelle im menschlichen Körper, unbeweglich, nur eine pro Monat kommt frei, und die sämtlichen Eizellen werden schon während der Embryonalphase im Vorstadium angelegt, sodass die Reifezeit einer Eizelle mehrere Jahrzehnte dauern kann. Die Samenzelle dagegen ist die kleinste Zelle, sehr beweglich, ein Ejakulat enthält bis zu 300 Millionen von ihnen, sie werden ständig neu gebildet, wobei die Reifezeit 64 Tage beträgt.

Wenn diese beiden so polaren Zellen, die sich auch genetisch vollständig fremd sind, zusammenkommen, und eine der vielen Samenzellen sich durch die umhüllende Schicht und Zellwand der Eizelle hindurcharbeitet, dann wird aus den beiden haploiden Zellkernen ein diploider Kern.

Normalerweise sind in den einzelnen Körperzellen nur wenige der 30–40.000 Gene ›aktiv‹, d.h. nur wenige Gene sind für die Funktion einer bestimmten Zelle notwendig. Die restlichen Gene sind inaktiv. Ein Gen wird ›unlesbar‹, wenn eine Methylgruppe (Kohlenstoff-Wasserstoff-Verbindung, CH_3) an einer bestimmten Stelle dieses Gens gebunden ist. So sind die allermeisten Gene in den Kernen der Körperzellen methyliert, und jede Zellart hat ein spezifisches Methylierungsmuster. Dieses Muster wird bei der Vermehrung einzelner Zellen an die Tochterzellen weitergegeben.

* R. Steiner, *Esoterische Betrachtungen karmischer Zusammenhänge, 5. Band* (GA 239), Dornach ³1985, S. 14.

Auf diese Weise erhält die Zelle ihre Spezialisierung. Der Zweig der Wissenschaft, der sich mit der Erforschung dieser Prägung der Chromosomen durch Methylierung beschäftigt, nennt man die *Epigenetik*, was auf die Ebene oberhalb der Genetik hinweist. Die aktuellen Ergebnisse der Epigenetik sind von großer Bedeutung für die IVF.

Epigenetik

Auch die Gene der Keimzellen haben jeweils ein sehr spezifisches Methylierungsmuster, was die besonderen Aufgaben der Ei- bzw. Samenzelle ermöglicht. Wenn nun eine Samenzelle in die Eizelle eindringt und die männlichen Chromosomen sich entfalten, werden diese ganz gezielt und sehr schnell von Enzymen, die in der Eizelle vorhanden sind, von ihren Methylgruppen befreit. Auf diese Weise wird die spezifische Prägung des männlichen Erbguts aktiv entfernt. Nach der Vereinigung der weiblichen und männlichen Chromosomen und während der ersten Zellteilungen verlieren auch die weiblichen Chromosomen ihr Methylmuster, sodass nach ca. 2–3 Tage nahezu die komplette Prägung bzw. Methylierung verschwunden ist und fast alle Gene wie ›nackt‹ erscheinen.

Dies ist das Stadium der Totipotenz der Embryonalzellen, d.h. aus jeder Zelle kann alles werden, es fehlt jede Prägung oder Spezialisierung. Aber eine Zelle, aus der alles werden kann, kann eigentlich nichts, da sämtliche Möglichkeiten offen sind und dadurch eine chaos-ähnliche Situation vorliegt.

In den darauffolgenden Tagen beginnt allmählich eine Re-Methylierung, immer mehr Gene bekommen eine Methylgruppe angesetzt und werden dadurch ›stillgelegt‹. Ein neues epigenetisches Muster entsteht. Dies spielt sich ab, während die kleine Embryoanlage durch den Eileiter bewegt wird, in der Gebärmutterhöhle ankommt und beginnt, sich in die Gebärmutterschleimhaut einzunisten (ca. 6–7 Tage nach der Befruchtung). Die Zellen sind dann nicht mehr totipotent, die ersten Differenzierungen haben schon stattgefunden.

Zwischen dem 2.–3. und 5. Tag nach der Befruchtung liegt also eine Art Chaos auf genetischer Ebene vor, in dem fast die gesamte Prägung oder Hemmung der Möglichkeiten aufgehoben wurde. Dieser chaotische ›Überfluss‹ an Möglichkeiten bestimmt einige Tage lang die genetische Lage, bis dann ab dem 5. Tag eine neue Methylierung beginnt.

Paradoxerweise wird dieses Chaos dadurch herbeigeführt, dass nahezu alle Gene ›enthemmt‹ werden. Die neue Gestaltung besteht darin, dass erneut Methylgruppen sich mit den Genen verbinden, die inaktiviert werden sollen. Otto Wolff hat, bevor die Ergebnisse der Epigenetik zur Verfügung standen, in seinem letzten bedeutenden Werk *Grundlagen einer geisteswissenschaftlich erweiterten Biochemie* (Stuttgart 1998) bereits darauf hingewiesen, dass durch die Bindung einer Methylgruppe an eine Substanz diese letztere dadurch organischer und offener für organisierende Kräfte gemacht wird. Die Substanz wird, so Wolff, durch die Methylierung aus dem Physischen herausgehoben. Das ist genau das, was die Epigenetik beschreibt. Nach der Befruchtung wird zuerst die individuelle Prägung des Erbguts von Mann und Frau entfernt. Was übrig bleibt, ist zwar totipotent, aber im Wesen chaotische, »zerklüftete Materie«, die durch neue Methylierung wieder aus dem Physischen herausgehoben werden muss. So wird sie wieder offen für organisierende Kräfte, die mit dem sich inkarnierenden Individuum in Verbindung gebracht werden können.

Aktuelle Untersuchungen haben ergeben, dass gerade dieser Prozess der Ent- und Re-Methylierung während der IVF oft gestört ist. Anscheinend ist es nicht unbedeutend, ob dieser sich in der Retorte im Labor, oder im Mutterleib abspielt. Die Folgen von

Störungen in diesen Prozessen sind das häufigere Auftreten eher seltener Krankheiten und Syndrome, die vor allem mit Entwicklungs- und Stoffwechselstörungen einhergehen. Auch die hohe Fehlgeburtsrate kann damit in Verbindung gebracht werden. Da es unverständlicherweise bis jetzt keine Langzeitbeobachtungen von Kindern nach IVF gab, wird man erst jetzt eher zufällig aufmerksam auf eine Häufung von Störungen oder Krankheiten, die manchmal erst nach einigen Jahren festgestellt werden können und auf epigenetische Störungen während der ersten paar Tage nach der Befruchtung zurückzuführen sind. Obwohl es sich auch hier noch um relativ kleine Zahlen handelt, sind die Folgen mancher dieser Krankheitsbilder sehr schwerwiegend.

Empfängnis

In diesem Zusammenhang drängt sich die Frage nach der Beziehung zwischen Befruchtung und Empfängnis auf. Mit *Befruchtung* ist hier die Vereinigung von Ei- und Samenzelle gemeint. Mit *Empfängnis* die Verbindung zwischen dem sich inkarnierenden Individuum und der befruchteten Eizelle.

Der Prozess dieser Verbindung ist ein allmählicher, wie wir im Kapitel »Ein Kind sucht sich seine Eltern« (s. Seite 69 ff.) bereits beschrieben haben. Rudolf Steiner beschreibt, dass die Seele schon lange vor der Zeugung ihr Augenmerk auf ein bestimmtes Paar und sogar schon auf dessen vorangegangene Generationen gerichtet hat. Aber es dauert einige Zeit, bevor der Mensch sich wirklich mit dem physischen Keim verbindet und beginnt, seinen physischen Leib zu bearbeiten. Es wird ein Zeitraum angegeben zwischen kurz nach der Befruchtung und spätestens dem 17. Tag. In diesen Zeitraum fällt auch die Demethylierung (die Entfernung der elterlichen epigenetischen Prägung), die Phase der Totipotenz und des genetischen Chaos, sowie anschließend die Remethylierung der Chromosome, in der ein neues, eigenes Methylmuster aufgebaut wird. So ist es denkbar, dass diese Remethylierung in einem Zusammenhang mit dem Ergreifen des physischen Keimes durch die Seele steht.

Dass es bei der IVF deutlich häufiger zu einer frühen Fehlgeburt kommt als bei der ›normalen‹ Befruchtung, haben wir oben bereits als einen Hinweis darauf beschrieben, dass viele Keimentwicklungen nicht von einer Seele ergriffen werden und ›leer ausgehen‹. Scheinbar werden diese ›Einladungen‹ von der geistigen Welt seltener angenommen; sie kann auch durch modernste Fortpflanzungstechnologie nicht gezwungen werden, eine Individualität mit einem in-vitro gezeugten Keim zu verbinden. Obwohl dennoch viele Kinder nach IVF geboren werden, liegt bei diesen Schwangerschaften, auch wenn sie anfänglich einen normalen Verlauf nehmen, die Fehlgeburtsrate deutlich höher.

Adressen

www.initiative-regenbogen.de
Eine übersichtliche und sehr umfassende Seite zum Thema Fehlgeburt, enthält viele hilfreiche Adressen.

www.anthroposophischeaerzte.de
Hilfreich für eine Arztsuche ist die Gesellschaft Anthroposophischer Ärtze in Deutschland: Roggenstraße 12, 70794 Filderstadt

www.bfhd.de
Der Bund freiberuflicher Hebammen Deutschlands e. V. bietet Beratungen deutschlandweit an.

Weiterführende Literatur

Boogert, Arie, *Beim Sterben von Kindern. Erfahrungen, Gedanken und Texte zum Rätsel des frühen Todes.* Stuttgart ²1998.
Aus reicher Lebenserfahrung insbesondere für Eltern geschrieben, deren Kind gestorben ist. Mit religiösem und anthroposophischem Kontext.

derselbe, *Der Weg der Seele nach dem Tod.* Stuttgart 2005.
Eine umfassende, reife und einfühlsame Betrachtung über das Leben nach dem Leben.

Hemmerich, Fritz H., *In den Tod geboren. Ein Weg für Eltern und Helfer bei Fehlgeburt, Abbruch, Totgeburt.* Westheim 2000.
Ein wertvolles und teilweise anspruchsvoll philosophisches Buch mit anthroposophischem Hintergrund zum Thema Fehlgeburt.

Hoffmeister, Max, *Die übersinnliche Vorbereitung der Inkarnation.* Dornach ²1991.

Eine gründliche Aufarbeitung der Angaben Rudolf Steiners zu Wiedergeburt, Inkarnation und Embryologie.

Kappeler, Eileen, *LaLeLu – und was nu ... Wenn Kinder vor den Eltern sterben.* Frankfurt 2004.

Ein schönes Buch von einer erfahrenen Krankenschwester mit vielen Berichten, hilfreichen Gedanken und Hinweisen.

Klink, Joanne, *Früher, als ich groß war. Reinkarnationserinnerungen von Kindern.* Grafing ⁶2004.

Ein sehr zugänglich geschriebenes Buch über Erfahrungen und Erinnerungen von Kindern zum Thema Wiedergeburt.

Leeuwen, Christa van / Maris, Bartholomeus, *Schwangerschafts-Sprechstunde.* Stuttgart 2002.

Medizinische, seelische und geistige Aspekte von Schwangerschaft, Geburt und Wochenbett.

Lothrop, Hannah, *Gute Hoffnung, jähes Ende.* München ⁹2001.

Ein hervorragender ›Klassiker‹ unter den vielen Bücher zum Thema Fehlgeburt.

Steiner, Rudolf, *Wiederverkörperung.* Stuttgart ³1993.

Geisteswissenschaftliche Ausführungen über das Leben zwischen Tod und neuer Geburt.

derselbe, *Wiederverkörperung und Karma und ihre Bedeutung für die Kultur der Gegenwart.* Dornach ⁴1989.

Vorträge zur Thematik der wiederholten Erdenleben.

Christa van Leeuwen · Bartholomeus Maris

Schwangerschafts-Sprechstunde

Medizinische, seelische und
geistige Aspekte von
Schwangerschaft, Geburt und Wochenbett

374 Seiten, gb.

Dieses Buch behandelt nicht nur umfassend alle Fragen, die mit Schwangerschaft, Untersuchungen, möglichen Komplikationen und schließlich mit Geburt und Wochenbett zusammenhängen, sondern möchte auch eine Hilfe zur eigenen Urteilsbildung sein. So wird neben den körperlich-medizinischen Aspekten auch das Seelisch-Geistige im Menschen zur Anschauung gebracht. Vor diesem Hintergrund kann mit vielen Fragen ganz neu umgegangen werden.

URACHHAUS

Nicola Fels · Angelika Knabe · Bartholomeus Maris

Ins Leben begleiten

Schwangerschaft und erste Lebensjahre

224 Seiten, kart.

Was bringt ein Kind mit? Was braucht es von seiner Umgebung in den ersten Monaten, was in den ersten Jahren? Und wo fangen Aufmerksamkeit und Erziehung an? Zusammen mit dem Frauenarzt Dr. med. Bartholomeus Maris und der Kinderärztin Nicola Fels widmet sich die Erzieherin Angelika Knabe diesen Fragen. Hierbei wird aus medizinischer und pädagogischer Sicht beleuchtet, was vor und während der Schwangerschaft getan werden kann, um die Lebenskräfte des Ungeborenen zu stärken, wie im Umgang mit Kinderkrankheiten der Selbstheilungs- und Entwicklungsprozess des jungen Lebens unterstützt werden kann und wie durch Bewegung, Spiel und Sprache in den ersten Jahren wichtige Anlagen für das spätere Leben gelegt werden.

VERLAG FREIES GEISTESLEBEN